헤매는 온라인 마케터를 위한 실행 가이드

당장 써먹는 온라인 콘텐츠

KB073537

헤매는 온라인 마케터를 위한 **실행 가이드**

당장
써먹는
온라인
콘텐츠

장재섭 지음

콘텐츠업계에 종사하면서도 이 책을 쓰기 전까지는 '콘텐츠'에 대해 깊은 고민을 해본 적이 별로 없었습니다. 매일 여러 종류의 콘텐츠를 기획하고, 제작하고, 어떻게 확산할 수 있을까 고민하고, 실행하면서도 말이죠. 실무를 하는 사람 대부분이 저와 비슷한 상황이 아닐까 생각합니다. 지금 당장 실행해야 하는 업무 때문에, 클라이언트의 갑작스러운 요구에 대응하기 위해 등등 눈앞에 닥친 일을 해결하는 것만으로도 업무 시간이 부족해 야근을 해야 할 판이니까요. 이러한 현실에서 자신이 지금 만들고 있는 콘텐츠가 '어떤 역할'을 하게 될지에 대한 고민은 물론 '콘텐츠의 본질'이 무엇인지에 대해 고민하는 게 쉬운 일은 아닙니다.

　20여 년의 직장 생활을 마감하고 나서 제가 하고 있는 일, 즉 콘텐츠를 만드는 일에 대해 숙고할 시간이 생겼습니다. 그리고 이 책을 쓰면서 제가 만드는 콘텐츠를 다시 바라보게 됐습니다.

간단한 텍스트와 이미지만으로 구성된 한 장짜리 콘텐츠도 꼼꼼히 살펴보면 소재를 찾고, 기획을 하고, 생각한 방향보다 더 나은 내용을 만들어내기 위해 다양한 아이디어를 도출하고, 그걸 시도하는 과정이 포함되어 있습니다. 이러한 과정이 하나둘 늘어나면서 얻은 경험과 지식이 적지 않습니다. 비록 영화나 드라마처럼 주목받는 콘텐츠는 아니겠지만, 온라인의 여러 콘텐츠 역시 사회의 한 부분을 차지하며, 그 자리에서 아주 밝게 빛나고 있습니다.

제가 20여 년간 몸담았던 콘텐츠 분야는 '홍보'의 한 부분입니다. 우리 브랜드, 내 브랜드를 좀 더 알리기 위해 콘텐츠를 만들고, 이렇게 만든 콘텐츠를 온·오프라인으로 확산시켜 대중이 인지할 수 있도록 하는 것. 이것이 홍보 콘텐츠의 목적입니다. 이를 기반으로 다양한 스타일의 콘텐츠를 만들어왔습니다.

제가 처음 만든 홍보 콘텐츠는 '보도 자료'였습니다. 언론사 기자에게 전달하기 위해 브랜드의 홍보 담당자가 작성하는 기초 자료죠. 제 손으로 처음 작성한 보도 자료를 들고 상사에게 갔을 때, 실시간으로 빨간 펜이 그어지는 걸 바라봐야 했습니다. 보도 자료를 점령하는 빨간 펜의 영역만큼 저의 얼굴도 빨간색으로 물들어갔습니다. 글쓰기에 어느 정도 자신감이 있었음에도 첫 보도 자료는 처참할 정도로 깨졌습니다. 그 뒤로도 수십 번의 똑같은 과정을 거쳐 빨간 줄에서 해방될 수 있었고, 상사의 점검 과정을 거치지 않고 바로 기자에게 전달할 만한 수준의 보도 자료를 작성할 수 있었습니다. 그리고 시간이 꽤 흐른 다음에야 보도 자료를 점검받던 그 시기가 얼마나 소중한 경험이었는지 깨달았습니다. 그 과정을 거쳤기에 단순한 콘텐츠 하나에도 스스로 고민하며 홍보 목적을 반영하는 역량을 키울 수 있었다고 봅니다.

최근의 홍보는 과거와 달리 '온라인 채널'을 중심으로 이뤄집니다. 오프라인으로 발행하는 신문보다 인터넷에서 뉴스를 접하는 일이 더 많고, TV보다 유튜브를 통해 더 많은 광고와 영상을 접하고 있습니다. 요즘 세대에겐 이게 당연한 일입니다. 그에 맞춰 홍보 역시 새로운 모습으로 계속 변화하고 있습니다. 대부분의 홍보에 온라인 채널 운영과 콘텐츠 제작이 빠지지 않는 이유이기도 합니다.

하지만 홍보, 마케팅 영역에서 만드는 콘텐츠의 본질은 여전히 똑같다고 생각합니다. 오프라인 기사를 내보내기 위해 작성하는 보도 자료든, 온라인 채널에 게재하기 위해 만드는 콘텐츠든, 더 많은 대중과 소통하고 더 많이 퍼지는 것을 목적으로 합니다.

최근에는 콘텐츠가 너무나 빠르게 생산 및 소비되는 경향이 있습니다. 오늘 만든 콘텐츠가 내일이면 또 새롭게 만들어진 콘텐츠에 밀려 사라지는 모습을 자주 볼 수 있습니다. 이러한 과정에 익숙해지다 보니 콘텐츠를 만드는 실무자 역시 콘텐츠의 중요성을 종종 잊어버리는 것 같습니다. 하지만 좋은 콘텐츠를 만들고 싶다면 자신이 만드는 콘텐츠에 대해 고민해보는 시간이 반드시 필요합니다. 내가 만드는 콘텐츠가 어떤 것인지, 그리고 이 콘텐츠를 어떤 목적으로 기획하고 타기팅하는지, 채널에 게재했을 어떤 결과를 가져올지 고민해보는 시간은 콘텐츠를 더욱 발전시키는 계기가 될 것입니다.

이 책에는 실무자의 관점에서 온라인 영역의 콘텐츠를 제작할 때 반드시 알아야 할 정보를 담았습니다. 더불어 업무를 하며 느꼈던 부분들도 중간 중간 넣어보았고요. 어찌 보면 너무 기초적인 내용이 아니냐고 반문할 수도 있습니다. 그러나 모든 일에는 항상 '처음'이 있는 법이죠. 회사에 갓 들어온 신입 사원을 대상으로 선배가 콘텐츠의 기초를 알려준다는 생각으로 글을 정리했습니다. 초보 마케터뿐만 아니라 소상공인, 1인 기업, 작은 기업에서 고군분투하는 마케터들에게 안성맞춤일 겁니다.

　끝으로 이 책을 쓰도록 제안해주신 이은콘텐츠 황윤정 대표님, 저와 함께 콘텐츠를 만들어온 선배, 동료, 끊임없이 콘텐츠를 발전시키도록 독려해주시는 클라이언트 담당자 여러분 덕분에 이 책이 나올 수 있었다고 생각합니다. 그분들께 감사의 말씀을 드립니다.

차
례

Ⅲ. 잘 만든 소중한 콘텐츠, 잘 발행하려면?

ONLINE CONTENTS

I

온라인 마케팅의 기본!
온라인 콘텐츠란?

홍보 콘텐츠를 통해 마케팅을 하고 싶다면, 현재 어떤 종류의 콘텐츠가 온라인에서 유통되고 있는지 명확히 파악해야 합니다. 텍스트·이미지·영상 등 온라인 콘텐츠의 기본 형식과 특징을 알아보고, 이를 통해 콘텐츠 마케팅을 준비하는 데 필요한 기초를 배워봅니다.

1. 온라인 콘텐츠의 종류

콘텐츠를 아주 간단하게 설명하면 '매체가 전달하는 정보'입니다. 우리나라 법에서도 이 콘텐츠에 대한 정의를 내리고 있는데요, 문화산업진흥 기본법의 정의를 보면 다음과 같습니다.

── 문화산업진흥 기본법 제2조(정의)

이 법에서 사용하는 용어의 뜻은 다음과 같다.

3. "콘텐츠"란 부호·문자·도형·색채·음성·음향·이미지 및 영상 등(이들의 복합체를 포함한다)의 자료 또는 정보를 말한다.

국립국어연구원 표준국어대사전에서는 콘텐츠를 이렇게

정의하고 있습니다.

— 정보·통신 인터넷이나 컴퓨터 통신 등을 통하여 제공되는 각종 정보나 그 내용물. 유·무선 전기 통신망에서 사용하기 위하여 문자·부호·음성·음향·이미지·영상 등을 디지털 방식으로 제작해 처리·유통하는 각종 정보 또는 그 내용물을 통틀어 이른다.

여러분이 지금 읽고 있는 이 책 역시 콘텐츠이며, TV를 통해 송출되고 있는 영상 역시 콘텐츠입니다. 우리가 스마트폰을 통해 매일 접하고 있는 뉴스, 영상도 콘텐츠죠.

그런데 우리가 이 책에서 다루는 콘텐츠는 이처럼 광범위한 영역의 콘텐츠가 아니라 '온라인 콘텐츠'라고 불리는, 온라인에서 유통되는 콘텐츠입니다. 그렇다면 그 정의가 조금 더 좁아지겠지요? 블로그, 페이스북, 인스타그램, 유튜브 등과 같은 온라인 플랫폼(채널, 미디어) 안에서 생성, 전달, 확산되는 콘텐츠가 온라인 콘텐츠입니다. 이러한 구분을 토대로 콘텐츠가 어떻게 발전해 왔는지 알아보겠습니다.

우리는 다양한 미디어 채널을 통해 수많은 콘텐츠를 접하고 있습니다. 지금처럼 인터넷과 소셜 미디어가 발달하지 않았던 시기에 콘텐츠를 접하는 방법은 상당히 한정적이었습니다. 대부분의 콘텐츠를 접하기 위해서는 TV나 영화관 또는 도서관을 통해야만 했고, 콘텐츠의 전달 및 확산 방법과 속도 역시 지금보다는 훨씬 느렸습니다. 콘텐츠 또한 전문가의 손을 거쳐야 만들어질 수 있었죠.

하지만 20세기 후반부터 21세기 초반에 걸쳐 폭발한 인터넷과 소셜 미디어의 발전은 언제 어디서나 누구든 쉽게 콘텐츠를 접하고 더 나아가 자신이 직접 콘텐츠 생산자가 될 수 있는 환경을 만들었습니다. 그로 인해 우리는 현재 수많은 콘텐츠에 둘러싸인 채 살아가고 있죠.

소셜미디어투데이(Social Media Today, https://www.socialmedia-atoday.com/)가 2021년 발표한 자료에 따르면, 최근 사람들이 가장 많이 사용하는 영상 플랫폼인 '유튜브'에서 1분마다 업로드되는 영상의 길이가 무려 500시간이라고 합니다. 매일 시청하는 영상은 10억 시간에 달하고요. 이렇게 유튜브 영상 콘텐츠만 놓고 보더라도 수요와 공급이 엄청난데, 다른 온라인 콘텐츠까지 감안하면 콘텐츠의 양은 인간이 생각할 수 있는 범위를 훌쩍 넘어섭니다.

이처럼 누구나 손쉽게 콘텐츠를 소비하고 창작하는 게 어색하지 않은 환경이지만 "콘텐츠란 과연 무엇일까?"라는 질문

유튜브 사용량 보고
(출처: 소셜 미디어 투데이
©SocialMediaToday.com)

에 바로 답변하기란 쉽지 않습니다. 최근에는 영상 콘텐츠가 상당한 비중을 차지하고 있는데, 그렇다고 '영상=콘텐츠'라고 말할 수는 없습니다.

　'콘텐츠 마케팅'을 하겠다고 목표를 잡았다면, 적어도 자신이 다루는 콘텐츠를 이해하기 위해 고민하고 노력해야 합니다. 확실한 성과를 만들어내는 콘텐츠는 어떤 것인지 명확히 파악하고, 그 내용과 구성에는 어떤 의미가 있는지 알아야 합니다. 좋은 콘텐츠가 무엇인지 정확히 파악해야 자신의 기업이나 브랜드에 맞는 콘텐츠를 만들어낼 수 있으며, 이 콘텐츠를 활용해 목적한 성과를 이뤄낼 수 있습니다. 콘텐츠 마케팅을 한다면서, 정작 콘텐츠에 대해 제대로 알지 못한다면 효과적인 마케팅은 어렵겠지요.

온라인에서 콘텐츠 마케팅을 하려면 기본적으로 ① 텍스트, ② 한 컷 이미지, ③ 카드뉴스, ④ 인포그래픽, ⑤ 영상, ⑥ 오디오의 6가지 콘텐츠 유형을 알아야 합니다.

🎧 콘텐츠란? 콘텐츠 마케팅이란?

콘텐츠와 콘텐츠 마케팅을 구분하는 이유는 무엇일까요?

우리가 주로 이야기할 콘텐츠 마케팅은 블로그, 페이스북, 인스타그램, 유튜브 등의 온라인 콘텐츠 플랫폼에서 자사의 채널을 개설하고, 콘텐츠를 등록하여 홍보, 소통, 매출 유도 등의 성과를 이뤄내는 활동을 의미합니다. 콘텐츠는 영화, 드라마, OTT, 웹툰 등 매우 넓은 범주를 가시고 있기 때문에 이를 모두 포괄하여 콘텐츠 마케팅을 이야기하기에는 다소 무리가 있습니다. 성과를 보여줄 수 있는 콘텐츠를 만들고, 운영하는 부분을 콘텐츠 마케팅이라고 생각하는 것이 좋습니다.

---

1) 콘텐츠 형식에 따른 6가지 유형과 특성

콘텐츠 마케팅에서 다루는 콘텐츠는 크게 6가지 유형으로 나눌 수 있습니다. 이 중 이미지, 영상, 오디오 등의 콘텐츠를 묶어서 '멀티미디어 콘텐츠'라고도 이야기합니다. 이미지는 한 컷, 카드뉴스, 인포그래픽 등으로 나누고, 영상은 일반 영상과 숏폼 영상으로 나눌 수 있습니다. 이제 각각의 특성을 알아보겠습니다.

① 텍스트

텍스트, 즉 '글'은 6가지 콘텐츠 형식 중 가장 기본적인 형식입니다. 우리가 이용하고 있는 거의 모든 SNS 콘텐츠 플랫폼은 텍스트가 반드시 함께 쓰입니다. 텍스트는 다른 콘텐츠 형식과 결합해 내가 하고 싶은 이야기를 좀 더 쉽게 이해하도록 만들어줍니다.

예를 들어 인스타그램에 콘텐츠를 올릴 때도 이미지 콘텐츠만 등록하는 것이 아니라, 이해를 돕기 위한 텍스트를 쓰고, 확산을 목적으로 해시태그를 입력합니다. 페이스북에 링크를 공유할 때도 텍스트를 쓴 후에 링크를 첨부해야 합니다.

유튜브에 영상을 등록할 때도 영상과 함께 제목·본문·태그에 텍스트를 입력하며, 댓글에서도 텍스트로 소통합니다. 특히 유튜브는 본문 텍스트를 5,000자까지 쓸 수 있고, 본문에서 챕터를 소개할 수도 있죠. 이처럼 텍스트가 메인이 아닌 채널에서도 텍스트는 이미지나 영상에 대한 이해를 높여주는 매우 중요한 역할을 수행합니다.

인스타그램이나 유튜브같이 텍스트가 조력자 역할을 하는 경우도 있지만, 텍스트가 메인 역할을 할 때도 있습니다. 바로 '블로그'입니다. 다수의 기관과 기업에서 유튜브나 인스타그램에 집중하고 있는 요즘도 블로그는 여전히 강력한 힘을 발휘하고 있습니다. 이미지나 영상만으로는 전달하기 힘든 정보의 경우 텍스트 콘텐츠가 주를 이루는 블로그를 이용하면 더욱 쉽고 자세하게 정보 전달이 가능합니다.

불과 10년 전만 해도 콘텐츠 마케팅의 기본이 된 플랫폼은 텍스트 기반의 블로그였습니다. 다수의 기업과 공공 기관이 소통 활성화를 목적으로 블로그를 개설하고 공격적으로 콘텐츠를 생산했으며, 그로 인해 텍스트 콘텐츠가 폭발적으로 증가하는 시기가 있었죠. 당시 생산되는 텍스트 콘텐츠가 너무 많아서 이를 다시 '큐레이션'하는 서비스가 필요하다는 이야기가 나올 정도였습니다.

> 🎧 **콘텐츠 큐레이션(Curation)이란?**
>
> 콘텐츠 큐레이션은 다양한 정보로 이루어진 콘텐츠를 특정한 주제나 관심사에 따라 수집, 분류, 구성하는 일련의 과정을 의미합니다. 큐레이션을 하는 큐레이터는 원래 미술관이나 박물관의 전시 책임자를 의미하는 용어로, 전시물에 대한 수집·저장·보관·조사 등 전시물 관리에 대한 전반적 업무뿐 아니라 전시물이 관객들에게 효과적으로 전달될 수 있도록 정리 및 재분류하는 사람을 말합니다. 이처럼 수많은 콘텐츠를 취합하고 정리해 전달하는 활동을 콘텐츠 큐레이션이라고 부릅니다.

블로그는 '저스틴 홀'이라는 남성이 1994년에 시작한 온라인 일기가 시초라고 알려져 있습니다. 블로그(Blog)란 인터넷을 뜻하는 웹(Web)과 기록을 뜻하는 로그(Log)를 합쳐서 만든 신조어인데요, 초기의 블로그는 HTML 등으로 간단히 구성되었습니다. 이후 워드프레스, 라이브저널 등 블로그 전문 플랫폼을 통해 점차 활성화되었고, 한국에서는 2001년 네이버와 다음 등이 블로그 서비스를 시작하며 현재까지 이어져오고 있습니다.

지금은 영상과 이미지 중심의 콘텐츠 비중이 커졌지만, 사실 이들 콘텐츠의 근본은 텍스트입니다. 상당수의 기업과 기관에서 블로그를 콘텐츠 허브로 삼고, 블로그의 콘텐츠를 이미지나 영상으로 만듭니다. 이렇게 하나의 콘텐츠를 여러 가지로 확장하는 것을 '원 소스 멀티유즈 콘텐츠'라고 부릅니다.

🎧 원 소스 멀티유즈(One source multi-use) 콘텐츠란?

기업이나 기관에서 활용하는 SNS가 다양해지면서 각각의 SNS에 맞는 콘텐츠를 모두 다르게 기획하는 것에는 한계가 있습니다. 여러 SNS를 운영하는 이유는 이용자가 다르기 때문입니다. 인스타그램 이용자가 엑스(구 트위터)터를 잘 이용하지 않는 것처럼 SNS별 이용자층이 구분되기 때문에, SNS를 효과적으로 운영하기 위해서는 한 채널에서 활용한 소재나 제작된 콘텐츠의 일부를 변형해 다른 채널에 게재하는 방식, 즉 '원 소스 멀티유즈'가 필요합니다. 단순히 링크를 공유하는 것부터 영상 일부를 이미지 콘텐츠로 제작하거나 이미지의 내용을 풀어 텍스트로 정리하는 것 등 다양한 방식이 있습니다.

 이렇게 콘텐츠의 '원 소스 멀티유즈'를 위해서는 기본이 되는 콘텐츠 소스가 필요합니다. 지금까지는 블로그를 콘텐츠 허브로 삼고 다른 채널로의 콘텐츠 확장을 진행했었는데요, 최근에는 유튜브 이용자의 증가와 더불어 유튜브에 게재되는 영상 콘텐츠를 중심으로 이를 재구성해 블로그·페이스북 등으로 확산하는 경우가 많아졌습니다.

텍스트 콘텐츠를 여전히 중심적으로 활용하고 있는 이유는 무엇보다 검색 노출의 영향이 큽니다. 아직도 많은 사람이 자료를 검색하기 위해 네이버, 다음, 구글 등의 검색창에 텍스트(검색어)를 입력해서 정보를 찾고 있습니다. 더불어 유튜브나 인스타그램같이 영상, 이미지 중심의 채널에서도 검색할 때는 텍스트로 해시태그나 키워드를 입력해야 합니다. 그러다 보니 텍스트의 중요성은 여전합니다. 텍스트 콘텐츠는 140자 단문의 엑스(구 트위터) 포스트부터 다수의 SNS에서 활용되는 해시태그, 페이스북·인스타그램·유튜브 게시물의 본문까지도 그 범위에 포함됩니다.

트위터 창립자 잭 도시의 세계 첫 트윗

② 한 컷 이미지

한 컷 이미지는 말 그대로 한 장의 사진을 생각하면 됩니다. 우리가 여행 가서 찍은 사진을 SNS에 올리는 것 역시 한 컷 이미지를 활용한 콘텐츠입니다. 이 경우 한 컷 이미지의 제작 목적은 내가 여행한 것에 대한 자랑 또는 여행의 기록이 되겠지요.

그런데 콘텐츠 마케팅에서 한 컷 이미지를 사용하려면 제작 목적이 더욱 구체적이며, 타깃 소비자나 이용자의 관심을 빠르게 사로잡을 수 있는 높은 수준의 이미지를 만들어내야 합니다. 그래야 콘텐츠가 쌓이면서 자사 홍보 SNS의 아이덴티티가 형

위. 스타벅스 인스타그램 피드
아래. 현대자동차 인스타그램 피드

대한민국 정책 브리핑 한 컷

성되고 신뢰도도 높아집니다. 한 컷 이미지 콘텐츠는 사진 한 장이 될 수도 있고, 일러스트 이미지가 될 수도 있습니다. 여기서 주의할 점이 있습니다. 한 컷 이미지가 담을 수 있는 정보의 양엔 한계가 있기 때문에, 시각적 요소보다 정보가 많아지면 오히려 이용자에게 외면을 받을 수 있다는 것입니다.

소비재 제품 또는 B2C 서비스를 운영하는 기업의 경우에는 전문 스튜디오에서 촬영한 고퀄리티의 이미지 콘텐츠를 SNS에 정기적으로 발행하는 경우가 많습니다. 사진 그 자체로 콘텐츠를 구성해 보여주는 것이죠.

한 컷 이미지는 메시지가 바로 눈에 들어오게 만들어야 합니다. 욕심을 버리고 핵심 내용만 담아야 하며, 텍스트에 어울리며 시선을 끌 수 있는 이미지를 사용해야 합니다. 공공 기관에서는 주요 추진 정책의 현황을 전달하기 위한 목적으로 한 컷 이미지를 사용하는 경우가 많습니다.

③ 카드뉴스

정보 전달을 위해 가장 많이 쓰이는 이미지 콘텐츠입니다. 사진과 일러스트를 통해 이용자의 관심을 끌 수 있을 뿐만 아니라, 담을 수 있는 정보의 양도 많으므로 다양한 SNS에서 사용되고 있습니다. 초기에는 페이스북에서, 이후에는 인스타그램에서 많이 쓰이고 있습니다. 정보 및 스토리 전달을 목적으로 다양한 카드뉴스가 선보이면서 '스브스뉴스' '열정에기름붓기' '티타임즈' 등 카드뉴스 정보를 메인으로 하는 미디어 스타트업이 생겨나기도 했습니다. 출판사들은 책의 내용을 바탕으로 카드뉴스를 다수 제작

위. 인사혁신처의 업무 스킬 관련 리스티클 형태 카드뉴스
아래. 스브스뉴스의 스토리텔링 카드뉴스 사례

해 판매에 도움을 받기도 했습니다.

　　카드뉴스는 크게 스토리텔링 형태와 정보 전달 형태, 2가지로 구분됩니다. 스토리텔링 형태는 열정에기름붓기·스브스뉴스 채널 등에서 주로 활용해 관심을 모았는데, 여러 장의 카드뉴스에 하나의 스토리를 담아 이용자가 카드뉴스를 넘기며 스토리와 정보에 몰입감을 유도하는 방식입니다. 정보 전달 형태의 카드뉴스는 1·2번 등의 번호를 붙여 정보를 전달하는 리스티클 방식이 일반적이며, 각각의 카드뉴스에 정보를 담아 하나의 카드뉴스 콘텐츠를 이루기도 합니다.

🎧 리스티클(Listicle)이란?

리스트(List)와 아티클(Article, 기사)의 합성어로, 리스트 형식을 취하고 있는 정보성 콘텐츠를 의미합니다. 주로 한 가지 주제에 대해 목록을 작성해서 서술하는 방식으로, '~하는 10가지 방법', '~를 위한 7가지' 등의 형태로 구성됩니다.

④ 인포그래픽

인포그래픽은 복잡한 정보를 효과적으로 전달하기 위해 일러스트와 숫자, 텍스트를 활용해 시각적으로 정보 전달 효과를 높인

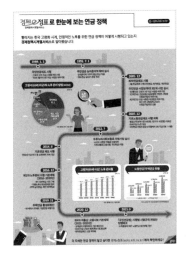

한국경제연구원(KDI)의 인포그래픽 사례

콘텐츠입니다.

　인포그래픽은 내가 전달하고자 하는 정보를 보기 쉽게 정리한 자료라고 생각하면 됩니다. 타이틀과 간단한 일러스트·텍스트만 들어갈 수도 있고, 전체적으로 디자인 콘셉트를 잡아 주제를 반영하는 배경 일러스트와 각 요소별 아이콘 이미지를 활용하는 경우도 있습니다.

⑤ 영상

최근 가장 많이 제작 및 소비되는 콘텐츠입니다. 영상 장비를 이용해 촬영한 것부터 영상 편집 툴로 제작한 모션 그래픽까지 다

유튜브에서 접할 수 있는 수많은 영상 콘텐츠

양한 형태로 만들어집니다. 시각적인 효과를 극대화해 정보를 효과적으로 전달할 뿐만 아니라, 영상을 통해 다양한 소통이 이어질 수 있다는 장점 때문에 활용도가 점차 높아지고 있죠.

유튜브·틱톡 등 영상 SNS 이용자가 많아지면서, 사용자가 직접 영상을 제작하는 경우도 많습니다. 기업과 공공 기관에서는 정보 전달이나 제품 및 서비스 이용을 유도하기 위한 목적으로 직접 제작하거나, 구독자가 많은 유튜브 크리에이터와 협업 영상을 만들어 메시지를 확장하기도 합니다.

영상은 크게 일반 영상과 숏폼 영상으로 구분됩니다. 일반 영상은 유튜브에서 16:9의 비율로 만들어진 영상을 의미하며, 우리가 일반적으로 시청하는 대부분의 영상이 여기에 해당합니다. 최근에는 숏폼의 비율이 빠르게 증가하고 있는 추세입니다. 숏폼 영상은 1분 내외의 재생 시간 안에 짧은 정보를 빠른 속도감과 감각적인 편집으로 전달합니다. 숏폼은 틱톡을 통해 대중화되었으며, 유튜브와 인스타그램도 각각 쇼츠와 릴스 같은 숏폼 서비스를 선보였습니다.

⑥ 오디오

과거에는 라디오 방송이 주요 전달 매체였으나 팟캐스트의 폭발적 성장과 함께 팟빵, 오디오클립 등 온라인 매체를 통해 방송되는 오디오 콘텐츠도 많아졌습니다. 영상, 이미지 콘텐츠와 달리 다른 활동을 하면서 동시에 이용할 수 있다는 장점이 있습니다. 아나운서나 성우, 개인이 직접 만든 오디오북 콘텐츠 영역도 확대되고 있습니다.

네이버 오디오클립에서 운영 중인 오디오 채널들

콘텐츠 형식에 따른 분류

구분	특징	주 운영 채널
텍스트	가장 기본이 되는 콘텐츠로, 자세한 설명이 필요한 경우 사용한다.	블로그
한 컷 이미지	핵심적인 시각 요소와 메시지로 관심을 모을 수 있다.	페이스북, 인스타그램
카드뉴스	이미지와 정보를 함께 담은 여러 장의 카드로 정보 전달이 가능하다.	페이스북, 인스타그램
인포그래픽	한정된 지면에 복잡한 정보를 단순화·시각화해서 전달한다.	페이스북, 블로그
영상	영상을 통해 정보를 압축적이고 효과적으로 전달할 수 있다.	유튜브, 인스타그램
숏폼 영상	1분 내외의 짧은 시간 안에 시선을 사로잡는 영상	틱톡, 쇼츠(유튜브), 릴스(인스타그램)
오디오	편하게 일상생활을 하면서 콘텐츠를 이용할 수 있다.	팟빵, 오디오클립

2) SNS 채널별 주요 콘텐츠 형식

온라인 콘텐츠 마케팅을 잘하기 위해서는 각각의 SNS에서 어떤 콘텐츠가 주로 사용되고 있는지 알아야 합니다. 그래야 최적의 콘텐츠를 기획할 수 있기 때문입니다.

① 블로그

블로그는 텍스트가 기본입니다. 제목, 본문은 물론 태그와 댓글까지 텍스트를 통해 정보를 전달하거나 소통합니다. 정보 전달 효과를 높이고 관심을 유도하기 위해 이미지나 영상을 중간에 삽입하기도 합니다. 마케팅이나 홍보 목적으로 운영하는 블로그의 포스트는 무엇보다 검색 결과 상단에 보이게끔 하는 것이 목표이기 때문에, 키워드를 중심으로 텍스트를 구성하는 것이 중요합니다.

블로그 포스트의 제목을 만들 때는 검색 결과에 잘 노출되도록 키워드를 포함시켜야 합니다. 그리고 검색한 이용자가 관심을 갖고 링크를 클릭할 수 있도록 매력적인 제목을 만들어야 합니다. 블로그에 삽입한 이미지나 영상 또한 검색 결과에 노출되어 유입을 이끌어낼 수 있습니다. 그러므로 블로그 포스트는 텍스트, 이미지, 영상을 잘 혼합해 구성하는 것이 좋습니다.

공공 기관 네이버 공식 블로그

31

② 페이스북

페이스북은 지난 10년간 가장 많은 이용자를 확보한 SNS로 간단한 텍스트부터 이미지, 카드뉴스, 영상, 링크 콘텐츠 등 다양한 콘텐츠를 통해 메시지 전달이 가능합니다. 엑스(구 트위터)와 달리 장문의 글(텍스트)을 담아 소통할 수 있으며, 스토리텔링을 접목한 카드뉴스나 정보성 카드뉴스를 통해 다양한 정보를 퍼뜨릴 수 있는 것도 장점입니다. 최근에는 와치(Watch), 릴스 등 영상 콘텐츠 서비스를 강화하는 중입니다. 페이스북에서 마케팅이나 홍보를 할 때는 블로그·유튜브 등에 발행된 콘텐츠 링크를 페이스북에 게시한 후 광고를 진행해 더 많은 사람이 자사의 제품이나 브랜드 상품 콘텐츠를 접하게끔 합니다.

페이스북 게시물 예시

페이스북의 광고는 인스타그램에도 함께 게시되는 장점이 있기 때문에 많은 기업과 공공 기관에서는 여전히 온라인 마케팅을 위해 페이스북을 활용하고 있습니다.

③ 인스타그램

사진이나 이미지 콘텐츠 중심으로 운영되는 SNS입니다. 시각적으로 이용자를 사로잡는 고퀄리티의 사진 콘텐츠가 많으며, 다양한 스타일의 이미지 콘텐츠를 통해 이용자들과 소통하게 만듭니다. 이미지 중심의 SNS이다 보니 시각디자이너나 일러스트레이터, 만화가들의 적극적인 참여로 인스타툰이라는 독자적인 콘텐츠 카테고리도 만들어져 있습니다. 최근에는 숏폼 트렌드를 반영해 출시한 릴스 영상 콘텐츠도 늘어났습니다.

인스타그램은 해시태그가 가장 활발히 운영되는 채널입니다. 그러므로 더 많은 이용자에게 자신의 콘텐츠를 확장하려면 사람들이 많이 사용하는 태그를 체크하고 활용하는 것이 중요합니다.

이 외에도 인스타그램 이용자들이 자주 검색하는 주제를 콜라보 게시물로 만들어 노출시킬 수 있습니다. '요즘 취미' '최근 여행 기록' 등의 콜라보 게시물에 콘텐츠를 올려 함께 소통하면서 브랜드와 기업의 제품을 알리는 경우도 많습니다.

여행이지 인스타그램

④ 엑스(구 트위터)

엑스의 전신 트위터는 140자라는 글자 수 제한을 둬서 많은 이용자를 확보한 SNS입니다. 현재는 정치, 연예 등 한정적인 이슈에 집중되는 모습을 띕니다. 엑스에 글을 올리는 행위를 '포스트'라고 하는데, 텍스트로 이루어진 포스트에 링크를 넣기도 합니다.

사람들은 자기 마음에 드는 포스트를 리포스트하거나, 해당 포스트에 글타래를 만들어 소통하기도 합니다. B급 정서를 담은 '밈' 이미지 콘텐츠 확산의 근거지가 되기도 하는데요, 엑스의 특징 중 하나인 속보성으로 인해 하루 만에 전 세계로 밈이 퍼지기도 합니다. 이렇게 즉각적인 반응이 일어나는 SNS이다 보니, 최근에는 틱톡과 함께 Z세대의 이용률이 높아지는 추세입니다.

엑스는 일론 머스크가 트위터를 인수한 뒤, 많은 것이 바뀌었습니다. 트위터 시절 140자의 극히 짧은 포스팅만 가능하던 엑스는 이제 유료 구독을 통해 포스트의 편집도 가능해지고 4,000자를 포스팅할 수 있게 되는 등 다양한 기능을 갖춘 종합 플랫폼으로 그 모습을 바꾸고 있습니다. 기존의 텍스트 기반을 넘어서 메세징, 음성채팅, 영상콘텐츠, 암호화폐 송금 등의 기능이 추가되었으며 향후 챗봇, 간편결제, 예약, 데이팅, 구인구직, 차량 호출 등의 수단도 추가될 예정입니다.

또한 기존의 '트윗'이라는 명칭은 '포스트'로, '리트윗'은 '리포스트'로 변경하는 등 '트위터'와 관련된 용어 등을 교체하며 리브랜딩 작업을 빠르게 진행하고 있습니다.

🎧 밈(Meme)은 무슨 뜻?

재밌는 말과 행동을 온라인상에서 모방하거나 재가공한 콘텐츠를 통칭해서 부르는 용어.

⑤ 유튜브

유튜브는 현재 가장 많은 이용 시간을 확보하고 있는 SNS입니다. '영상 콘텐츠=유튜브'라는 공식을 만들어낼 정도죠. 정보의 양과 신뢰도가 높아지면서 검색 포털 역할마저 대체할 정도입니다. 따

유튜브 인기 급상승

🎧 유튜브가 우리나라 경제에 미치는 영향

유튜브의 영향력은 전 세계적으로 매우 크게 작용하고 있으며, 이는
우리나라에서도 마찬가지입니다. 2022년 유튜브는 자사 보고서를 통
해, 2021년 유튜브가 한국에 2조 원 규모의 경제적 기여를 했으며, 8만
6000여 개의 일자리 창출에도 영향을 미쳤다고 발표했습니다.

[참고 기사] 구글, "유튜브, 지난해 한국 GDP 2조 원 기여"
(출처: ZDNET Korea)

라서 유튜브에서 영상 콘텐츠를 발행할 때도 제목, 본문, 해시태
그 등 텍스트가 매우 중요합니다.

　유튜브는 1분 미만의 숏폼 콘텐츠, 10분 미만의 미드폼 콘
텐츠, 1시간 이상의 롱폼 콘텐츠를 모두 확인할 수 있다는 게 특

징입니다. Z세대는 주로 쇼츠를 통해 콘텐츠를 소비하고, M세대는 1시간 이상의 전문 정보 콘텐츠를 시청합니다. MZ세대뿐만 아니라 유아나 장년 세대까지 그 영향력이 대단합니다.

⑥ 틱톡

전 세계적으로 숏폼 동영상 콘텐츠 열풍을 일으킨 SNS입니다. 1분 내외의 짧은 영상과 화려하면서도 다양한 필터 효과로 Z세대의 관심을 사로잡았습니다. 특히 특정 행동이나 춤을 따라 하는 '챌린지' 콘텐츠는 유명 셀럽부터 여러 기업의 마케팅에 활용되고 있습니다.

다양한 틱톡 콘텐츠

SNS 채널별 주요 콘텐츠 형식

구분	특징
블로그	텍스트가 기본인 SNS. 무엇보다 포털 사이트의 검색 결과에 영향을 미치는 텍스트의 배치와 활용이 중요하다.
페이스북	현재 가장 많은 이용자 수를 확보한 SNS. 카드뉴스 전성기 시절을 함께한 채널로, 현재는 영상 콘텐츠의 활용도를 높이고 있다.
인스타그램	시각적 이미지 콘텐츠가 주를 이루는 SNS. 릴스를 중심으로 영상 콘텐츠 채널로도 영역을 확대하고 있다.
엑스 (구 트위터)	트위터의 사용자를 그대로 흡수한 SNS. 기존의 단문 텍스트 중심의 서비스에서 종합 플랫폼으로의 확장을 도모하고 있다. 최근 들어 Z세대의 이용률이 높아지고 있다.
유튜브	가장 많은 이용 시간을 확보하고 있는 SNS. 현재의 영상 콘텐츠를 대세로 만든 주역이다. 늘어나는 이용자와 함께 정보량 역시 증가해 검색 포털의 기능까지도 담당하고 있다.
틱톡	1분 미만의 짧은 영상(숏폼) 트렌드를 이끌어낸 채널. 화려하고 감각적인 영상 효과 덕분에 젊은 세대의 이용률이 매우 높다.

모바일에 익숙한 세대를 타깃으로 하는 만큼 세로형 영상 콘텐츠가 기본입니다. 틱톡의 숏폼 전략이 성공하자 이를 모방해 다른 SNS에서도 숏폼을 적용했는데, 대표적인 것이 인스타그램의 릴스와 유튜브의 쇼츠입니다.

3) 어떤 콘텐츠 종류와 채널을 선택해야 할까?

온라인 마케팅에서는 기업이 운영하는 SNS를 '채널'이라고 부릅니다. 자신이 갖고 있는 소셜 미디어 '채널'이라는 의미입니다. 온라인 마케팅에서 운영 채널을 배제하고 콘텐츠를 제작할 수는 없습니다. 반대로 콘텐츠를 제외하고 채널 운영만 생각하는 것도 말이 안 되지요. 어떤 콘텐츠를 어느 SNS를 통해 운영하고 확산해야 할지 명확한 목표를 가지고 있어야 합니다. "요즘은 유튜브가 대세이니 유튜브는 일단 하고 본다!"라는 식의 접근은 매우 위험합니다. 기업과 기관은 온라인 마케팅을 하기 전 반드시 콘텐츠와 채널에 대한 이해가 필요합니다.

SNS 운영 초반부터 모든 채널과 콘텐츠를 활용하겠다는 것

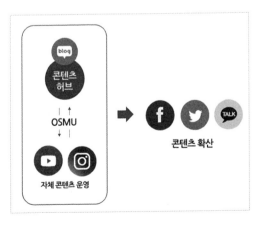

채널별 콘텐츠 운영
구조도

은 지나친 욕심입니다. 채널을 운영하기 위해선 채널별 특징은 물론 주요 연령대 및 이용자에 대한 통계 정보를 반드시 확인해야 합니다. 더불어 채널별 이용자의 관심사를 알아볼 수 있는 해시태그 이용 분석 자료 같은 정보를 참고하는 것도 좋습니다. 대표적인 자료 분석 업체로는 '오픈서베이'와 '모바일인덱스'가 있습니다. 오픈서베이는 매해 소셜 미디어와 검색 포털에 관한 리포트를 만들어 관련 통계 자료를 제공합니다.

오픈서베이의 〈소셜 미디어와 검색 포털에 관한 리포트 2020〉에 따르면 네이버 블로그는 취미/관심사를 공유하기 위한 목적이 강하게 니다나며, 유튜브는 흥미 위주 및 유용한 콘텐츠를 얻거나 킬링 타임용으로 이용하는 비중이 높습니다. 한편 인스타그램은 사진/동영상 공유, 지인/친구와의 교류, SNS 커뮤니티 활용을 위해 이용하는 경향이 많습니다.

모바일인덱스의 〈SNS/커뮤니티 앱 사용 분석 리포트〉에선 10대 이하~30대는 인스타그램을 가장 많이 이용한다고 밝혔습니다. 이 밖에 엑스(구 트위터)는 10대 이하~20대 사용자가 주로 사용하는 것으로 나타났고, 틱톡은 10대 이하에서 인기가 높은 것으로 확인됐습니다.

이를 기반으로 어떤 채널을 선택해야 할지 사례별로 정리해보면 다음과 같습니다.

☎ 30대 이상 어른들을 위한 장난감을 개발하는 A 회사

A 회사는 취미/관심사의 공유와 흥미 위주 콘텐츠를 획득하려는 이용자들이 많은 채널을 선택해야 합니다. 오픈서베이 통계 자료에 따르면 대상층은 네이버 블로그와 유튜브에서 높은 사용 비율을 보입니다. 더불어 모바일인덱스에서 발표한 SNS 사용 통계에서는 인스타그램이 1위를 차지했습니다. 즉, A 회사는 네이버와 유튜브를 중심으로, 인스타그램을 확산 채널로 사용한다면 좋은 성과를 얻을 것입니다.

☎ 10대 대상 커뮤니티 앱을 개발하고 있는 B 회사

B 회사의 경우는 10대들이 자주 하는 사진/동영상 등의 공유, 지인/친구와의 교류 부분을 고려해야 합니다. 이에 해당하는 채널은 인스타그램, 페이스북, 밴드입니다. 더불어 연령별 사용자 통계에서 10대가 인스타그램을 많이 이용하는 걸 알 수 있습니다. 따라서 인스타그램을 메인 채널로 운영하면서 다른 2개의 채널을 확산 채널로 활용하는 운영 전략을 수립할 수 있습니다.

이와 함께 온라인 미디어 관련 사이트나 기사들을 통해 10대의 최근 엑스의 이용률이 증가하고 있는 걸 확인했다면, 이들이 어떤 톤앤매너의 콘텐츠에 열광하고 밈을 만들어내는지 확인

콘텐츠 제작 전 고려해야 할 요소 및 프로세스

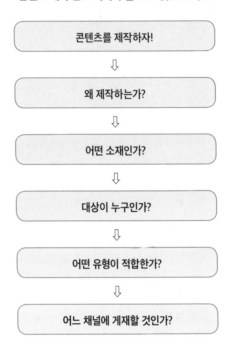

한 후 콘텐츠 마케팅 전략을 수립할 수 있습니다.

온라인 마케팅을 진행하다 보면, "알고리즘만 타면 확산은 금방이야!"라는 이야기를 많이 듣습니다. 여기서 말하는 '알고리즘'이란 각 SNS 채널마다 갖고 있는 콘텐츠 선별 및 추천 기준을 의미합니다. 이를 바탕으로 이용자의 피드에 콘텐츠를 추천하고 노출시킵니다.

어느 날 별다른 수고 없이 만든 콘텐츠가 알고리즘의 영향으로 우연히 엄청난 조회 수와 채널 구독자를 모으기도 합니다. 하지만 이것만 기대하면서 아무런 목표와 전략 없이 무턱대고 콘텐츠를 제작해서는 안 됩니다. SNS 알고리즘에 우리가 만든 콘텐츠가 '선정'되기 위해서는 적극적으로 알고리즘의 관심을 유도해야 합니다. 대부분의 알고리즘은 이용자가 관심을 가질 가능성이 큰 콘텐츠를 선별해냅니다. 이는 콘텐츠가 어느 정도 상승세를 타고 있어야 한다는 걸 의미하며, 이러한 상승세를 만들어내기 위한 노력이 필요합니다.

제목, 본문, 해시태그 등 검색 결과에 영향을 미치는 영역에서는 확실한 검색엔진 최적화(Search Engine Optimization, SEO) 작업이 이루어져야 하고, 영상의 경우에는 썸네일이 중요하기 때문에 A/B테스트 등의 과정을 진행해 어떤 이미지에 조회 수나 좋아요, 댓글 등의 반응이 많은지 체크하고 확장시켜야 합니다.

알고리즘의 선택을 받는 영상은 그냥 보기엔 별것 아닌 것 같아 보일지라도 치밀한 콘텐츠 기획과 전문 영상 제작자의 손을 거친 A급 영상이라는 걸 잊어서는 안 됩니다.

2. 콘텐츠 소스 준비하기

사람들에게 주목받을 수 있는 온라인 콘텐츠를 제작하기 위해서는 다양한 콘텐츠 소스를 활용하는 것이 중요합니다. 특히 저작권 이슈가 중요하기 때문에 최대한 안전한 소스를 활용해야 합니다. 그러다 보니 저작권이 해결된 유료 사이트의 소스를 많이 사용하는데요, 작은 기업이나 소상공인·대행사의 경우 콘텐츠 소스 구매에 정기적으로 지출하는 이용료가 적지 않은 부담이 될 것입니다. 이때 활용할 수 있는 것이 기업이나 공공 기관 등에서 무료로 제공하는 사진, 이미지, 글꼴입니다.

1) 글꼴

무료 소스

콘텐츠를 제작할 때 반드시 필요한 것이 다양한 글꼴입니다. 글꼴은 콘텐츠를 외적으로 표현하는 기본 요소입니다. 네이버 블로그라면 자체에서 제공하는 '나눔글꼴'을 사용할 수 있지만, 이미지나 영상에 바탕체·굴림체 등의 기본 글꼴을 사용할 경우 B급 콘텐츠가 아닌 이상 찬밥 신세를 면하지 못할 것입니다.

글꼴은 보통 각 글꼴 회사의 제품을 구입해 컴퓨터에 깔아서 사용합니다. 다만, 여러 회사의 글꼴을 구입하는 것이 부담스럽다면, 공공 기관에서 제공하는 무료 글꼴을 활용하는 것도 좋

🎧 글꼴 설치는 어떻게 하나요?

글꼴 설치는 2가지 방법으로 나뉩니다. 하나는 글꼴 파일을 다운받아 설정의 '글꼴 목록'에 직접 추가하는 방식이며, 다른 하나는 글꼴 개발사에서 배포한 별도의 프로그램을 실행해 설치하는 방법입니다. 직접 추가 방식의 경우 윈도우 이용자라면 '제어판 > 글꼴' 폴더를 연 다음 다운받은 글꼴 파일을 드래그하면 자동으로 설치됩니다.

윈도우 글꼴 폴더

🎧 TTF? OTF?

글꼴 회사에서는 대부분 TTF와 OTF 2종의 글꼴 파일을 제공합니다. 각기 다른 특성을 가진 글꼴인데, 대체로 TTF는 문서 작업용, OTF는 고해상도 이미지 작업용으로 이해하면 됩니다.

구분	TTF	OTF
포맷 방식(확장자)	트루 타입(.ttf)	오픈 타입(.otf)
개발사	애플+마이크로소프트	어도비+마이크로소프트
주 사용자	일반 문서 작업 사용자	인쇄물 등 고해상도 출력 작업이 필요한 사용자

은 방법입니다.

① 공공누리 안심글꼴서비스

글꼴을 활용한 홍보 활동이 다양해지면서 공공 기관이나 지자체에서 독자적으로 글꼴을 제작하는 경우가 많습니다. 대부분 상업적 이용을 허용하고 있어 유용합니다. 공공누리 안심글꼴서비스에서는 이러한 글꼴을 모두 모아 한 번에 내려받을 수 있도록 지원합니다. 공공누리(www.kogl.or.kr)와 공유마당(https://gongu.copyright.or.kr)에서 다운받아 이용할 수 있습니다.

현재 공공누리에서 제공하는 글꼴의 종류는 총 218종입니다. 온·오프라인에서 누구나 사용할 수 있고 상업적 이용도 가능합니다. 다만 글꼴 파일 자체는 저작권을 적용받기 때문에 글꼴을 영리 목적으로 복제·배포할 때는 글꼴별 저작권자의 별도 허락을 받아야 합니다. 공공누리에서는 글꼴별로 이용 조건 및 출처 표시 방법을 알려주고 있습니다. 반드시 상세 설명을 읽어보고 이용하세요.

공유마당 홈페이지에 접속하면 팝업으로 글꼴을 다운받는 경로를 제공하고 있으며, 신규 글꼴 업데이트 현황도 함께 확인 가능합니다. 팝업창의 '안심글꼴 한 번에 내려받기'를 클릭하면 200종에 달하는 글꼴이 포함된 압축 파일을 다운받을 수 있

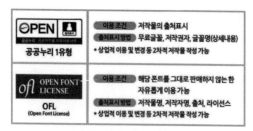

공공누리 글꼴 사용
조건 및 표시 방법

공유마당의
글꼴 다운로드 페이지

는데요, 이후 압축을 풀고 글꼴을 설치하면 됩니다. 물론 각각의
글꼴을 확인한 후 개별적으로 다운받아 설치할 수도 있습니다.

② 네이버 글꼴 모음

글꼴 저작권으로 어려움을 겪고 있는 사람들의 고민을 가장 먼저
해결해준 것이 네이버 나눔글꼴입니다. 네이버는 나눔고딕을 시
작으로 나눔스퀘어 등 고퀄리티의 무료 글꼴을 제공하고 있습니

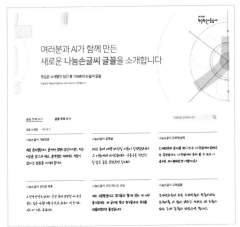

클로바 나눔손글씨
페이지

네이버에서 제공하는
다양한 글꼴

다. 특히 한글날 등 한국을 대표하는 기념일에는 폰트 제작사와

협업해 기념 폰트를 제작해 배포하고 있는데, 글꼴마다 다양한

스타일과 성격 덕분에 이를 기다리는 사람도 많습니다.

최근에는 일반인의 글씨체를 신청받아 이를 손글씨체로 만들어주는 프로젝트를 진행했는데요, 개개인의 개성이 담긴 친근하고 재미있는 글꼴이 많아 예쁜 손글씨 글꼴을 찾던 사람들에게 인기를 얻고 있습니다.

네이버에서 공개하는 글꼴은 크게 나눔글꼴, 마루부리글꼴, 클로바 나눔손글씨글꼴로 나뉩니다. 나눔글꼴은 고딕과 명조의 성격을 가진 글꼴에 자체 제작한 손글씨 폰트 일부가 포함되어 있습니다. 마루부리글꼴은 명조의 성격을 띠고 있는 글꼴로, '정자체'로 생각하면 됩니다. 클로바 나눔손글씨글꼴은 공모를 통해 선정된 일반인의 글씨를 글꼴로 제작한 것입니다.

네이버 글꼴 홈페이지(https://hangeul.naver.com/font)에 접속한 후 원하는 글꼴을 다운받아 설치하면 됩니다.

③ 눈누

요즘엔 여러 기업에서 홍보·마케팅에 활용하기 위해 글꼴 개발에 적극적으로 나서고 있습니다. 가장 대표적인 기업이 배달의민족을 운영하는 우아한형제들입니다. 이들이 제작한 도현체, 한나체, 주아체 등의 글꼴은 배달의민족이라는 기업의 독창성을 보여주기 위해 기존 폰트와 다른 형태로 구성되어 사람들의 관심

눈누 메인 화면

을 모았습니다.

　기업이 제공하는 폰트의 경우, 언제 글꼴을 제작하고 배포
했는지, 어디서 어떻게 다운을 받아 설치해야 하는지 일일이 확
인하기 어렵다는 단점이 있었습니다. 이런 고민을 해결해준 사이
트가 '눈누(https://noonnu.cc/)'입니다.

　초기에는 글꼴을 한곳에서 쉽게 찾을 수 있게 만든 서비스
로 시작했으며, 현재는 글꼴 소개 외에도 해당 글꼴의 적용 사
례, 라이선스 확인 등 다양한 기능을 제공합니다. 다만 눈누에서
는 직접적인 글꼴 다운로드를 지원하지는 않는데, 각 글꼴 페이
지 상단의 '다운로드 페이지로 이동'을 클릭하면 해당 글꼴의 개
발사 또는 배포사 홈페이지로 이동해 그곳에서 글꼴을 다운받을
수 있습니다. 눈누는 기업은 물론 공공 기관에서 제작한 글꼴도

무료 글꼴 서비스 한눈에 비교하기

구분	특징
공공누리, 공유마당	정부, 기관, 학교 등 공공단체에서 공익 목적으로 제작한 글꼴을 다수 제공하고 있다. 기관별로 제작한 글꼴을 일일이 찾을 필요 없이 한 번에 설치할 수 있다는 게 가장 큰 장점이다.
네이버 나눔글꼴	네이버에서 자체 제작한 글꼴 파일을 다운받아 설치할 수 있다. 특히 서류 제작에 특화된 나눔글꼴을 비롯해 일반인들의 손글씨를 모아 제작한 손글씨 글꼴도 활용도가 높다.
눈누	기업·기관에서 제작한 무료 글꼴 대부분을 확인할 수 있으며, 사이트 내에서 글꼴을 테스트하는 기능을 제공한다. 다만, 글꼴을 다운로드 하려면 해당 개발 사이트로 이동해야 한다.

포함되어 있어 콘텐츠를 만들 때 알아두면 좋은 사이트입니다.

유료 소스

글꼴 제작에는 우리가 생각하는 것보다 훨씬 많은 노력과 시간이 소요됩니다. 그래서 전문 디자이너같이 글꼴을 자주 사용하는 사람은 유료 제품 구입을 당연히 여깁니다. 다양한 종류의 폰트를 사용해 콘텐츠를 제작하기 위해서는 폰트 전문 회사의 글꼴을 개별 또는 패키지로 구매합니다. 우리에게 친숙한 폰트 회사로는 대표적으로 '산돌'이 있습니다.

① 산돌 구름다리

산돌구름 UI

산돌구름(https://www.sandoll-cloud.com/)은 글꼴 전문 기업 산돌에서 제공하는 구독형 클라우드 폰트 서비스입니다. 현재 1만 9,000여 종의 글꼴 사용이 가능한데, 글꼴 구성과 이용자 수 제한에 따라 월 9,900원부터 22만 원까지 다양한 이용료를 선택할 수 있습니다. 기본 구성만 선택해도 다양한 글꼴 사용이 가능한 게 특징입니다. 특히 2020년 4월부터는 글꼴 사용 범위를 폐지해 모든 분야에서 활용할 수 있습니다.

이용 방법은 간단합니다. 산돌 구름다리 사이트에서 회원

구름다리 프로그램 실행을 완료하면 위와 같이 이용 가능 글꼴 목록을 확인할 수 있다.

가입 후 적합한 이용 요금 수준의 상품을 구매한 다음, 구름다리 프로그램을 다운받아 설치하면 됩니다. 컴퓨터를 켤 때마다 구름다리 실행 알람이 뜨는데, 확인을 누르면 구름다리가 실행되면서 이용할 수 있는 글꼴이 컴퓨터에 자동으로 설치됩니다. 프로그램을 종료하면 구름다리에 설치된 글꼴은 이용할 수 없습니다.

산돌구름에서 제공하는 글꼴은 산돌이 아닌 다른 글꼴 회사의 글꼴도 포함되어 있는데, 간혹 계약 종료로 일부 글꼴 이용이 제한되는 경우가 있습니다. 이 경우 사전에 공지하고 있어 반드시 공지를 확인한 후 해당 글꼴 사용을 중지해야 합니다.

2) 이미지

무료 소스

콘텐츠 이미지는 정보를 시각적으로 전달하며 이해와 관심을 동시에 높이는 강력한 콘텐츠 소스입니다. 하지만 구글이나 네이버에서 검색한 이미지를 그대로 사용할 경우 저작권 위반 문제에 직면할 수 있습니다. 검색엔진을 통해 얻은 결과에는 이미지를 무단으로 사용한 블로그나 웹사이트가 있을 수 있고, 활용 범위가 제한된 이미지가 노출될 수도 있기 때문에, 단순 검색을 통해 찾은 이미지를 그대로 사용하는 것은 반드시 피해야 합니다.

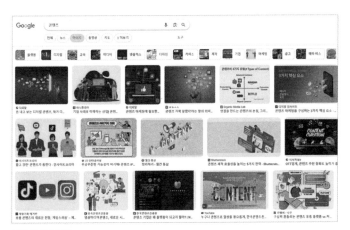

구글 이미지 검색

　　무료 이미지 사이트를 이용하되 필요한 경우에는 유료 이미지 사이트에서 이미지를 확보하는 것도 좋은 방법입니다. 요즘엔 유료 이미지 사이트에서 무료 동영상 클립을 함께 제공하는 경우도 많아 다양한 분야에 활용할 수 있습니다.

① 픽사베이

픽사베이(https://pixabay.com)는 200만 개 이상의 무료 사진, 일러스트와 벡터 이미지를 보유한 무료 이미지 사이트입니다. 모든 이미지는 다운로드 전에 간단한 확인 절차만 거치면 무료로 사용할 수 있으며, 별도의 저작자 표시를 하지 않아도 되기 때문에 이

픽사베이

용률이 매우 높습니다.

무료 이미지 사이트임에도 불구하고 유료 이미시 사이트에서 판매하는 수준의 고퀄리티부터 일러스트 등 다양한 자료를 접할 수 있는 것이 특징입니다. 영문과 한글 모두 검색 지원을 하기 때문에 편리하게 이용할 수 있습니다. 단, 영어로 검색할 때 좀 더 정확하고 다양한 이미지를 찾을 수 있습니다.

② 펙셀스

펙셀스(https://www.pexels.com)는 가입자들이 업로드하고 공유하는 이미지와 픽사베이 등에서 제공하는 이미지를 포함해 현재 300만 개 넘는 무료 이미지와 동영상을 제공합니다. 다양한 필터나 테마별 분류를 통해 원하는 사진을 쉽게 검색할 수 있으며,

펙셀스

배경 화면 등으로 활용 가능한 사진이 주를 이루고 있습니다. 부정적 의미로 사용하거나 수정하지 않는 한 저작권자를 표시하지 않고 이용할 수 있습니다.

③ 언스플래쉬

언스플래쉬(https://unsplash.com)는 200만 개 이상의 고해상도 이미지를 보유한 무료 이미지 사이트입니다. 감각적인 인물 사진과 아름다운 풍경 사진이 많은 게 특징입니다. 찾고자 하는 키워드의 이미지와 함께 유사한 카테고리의 이미지도 함께 보여주기 때문에 매우 유용합니다.

　모든 이미지는 상업적·비상업적 목적으로 저작자 표시 없이 무료로 사용할 수 있으나 일부는 링크, 출처 표기 또는 별도의

언스플래쉬

사용 제한을 요구하기도 하므로 라이선스 정보를 반드시 확인해야 합니다. 한글은 지원하지 않아 영문으로 검색해야 한다는 단점도 있습니다.

④ 프리이미지

프리이미지(https://www.freeimages.com)는 40만 개 이상의 사진과 일러스트를 제공하는 무료 이미지 사이트입니다. 무료이지만 저작자 표시를 요청하는 경우가 있기 때문에 라이선스를 반드시 확인해야 합니다. 캐주얼한 사진을 찾을 때 유용합니다.

프리이미지

⑤ 구글에서 상업적 이용이 가능한 이미지

때로는 무료 이미지 사이트에서 원하는 것을 찾지 못할 수도 있습니다. 이 경우 구글에서 상업적 이용이 가능한 이미지를 검색해 사용하는 방법도 있습니다.

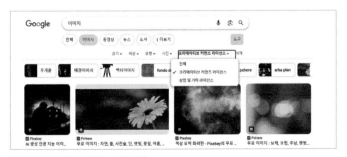

구글 이미지 검색의 라이선스 선택 화면

이미지 검색 후 하위 메뉴인 사용권을 클릭하면 '크리에이티브 커먼즈 라이선스(CCL)' 메뉴가 뜨는데, 이를 클릭했을 때 나오는 이미지들은 그나마 자유로운 사용이 가능합니다. 크리에이티브 커먼즈 라이선스란 저작권자가 저작물에 대한 일정한 사용 요건을 표시해 그 조건만 지키면 저작권자의 허락 없이도 자유롭게 저작물을 이용할 수 있다는 의미입니다. 크리에이티브 커먼즈 라이선스의 표시별 이용 범위는 아래와 같습니다.

	저작자 표시(Attribution) • 저작자의 이름, 출처 등을 반드시 표시해야 한디는 필수 조건입니다. • 저작물을 복사하거나 다른 곳에 게시할 때도 반드시 저작자와 출처를 표시해야 합니다.
	비영리(Noncommercial) • 저작물을 영리 목적으로 이용할 수 없습니다. 따라서 영리 목적으로 이용하기 위해서는 별도의 계약이 필요합니다.
	변경 금지(No derivative works) • 저작물을 변경하거나 2차 저작물을 만드는 걸 금지한다는 의미입니다.
	동일 조건 변경 허락(Share alike) • 2차 저작물 창작을 허용하되 원 저작물과 동일한 라이선스를 적용해야 한다는 의미입니다.

다만, 구글에서 상업적 이용이 허가된 것을 검색해서 사용했다고 해도 이들 이미지가 100% 저작권 이슈를 벗어나는 것은 아닙니다. 실제로 유료 이미지임에도 저작권 설정을 해놓지 않는 경우가 종종 있기 때문입니다. 그러므로 되도록 안전한 무료 이미지 사이트를 활용하는 것이 좋습니다.

무료 이미지 서비스 한눈에 보기

구분	특징
픽사베이	가장 많은 무료 이미지를 확보하고 있는 사이트로, 별도의 회원 가입 절차 없이 사용 가능하다.
펙셀스	배경 화면 등으로 활용할 수 있는 사진 이미지 중심의 사이트.
언스플래쉬	스톡 이미지 스타일보다는 감각적이고 풍경 사진 위주의 사진을 다수 확보하고 있는 사이트.
프리이미지	사진과 일러스트 이미지를 다수 확보하고 있는 사이트.

🎧 반드시 피해야 할 이미지가 있다!

-방송 프로그램 화면 캡처 이미지

TV화면 캡처 이미지
(모자이크 처리)

콘텐츠 제작 시 반드시 피해야 할 이미지가 있는데, 바로 TV나 영화 캡처 화면과 언론사 기사에 쓰인 이미지입니다. 이들 이미지는 강력한 저작권을 행사하기 때문에 각별한 주의가 필요합니다. 일부에서는 영상 화면 캡처 한두 컷 정도는 사용해도 괜찮다고 이야기하지만 가능한 한 쓰지 않는 것이 좋습니다. 부득이한 경우에는 방송사나 언론사에 문의한 후 사용할 것을 추천합니다.

- 검색 결과에 노출된 스톡 이미지

스톡 이미지
(모자이크 처리)

포털의 검색 결과에 나온 이미지는 대부분 해당 기업이나 개인이 '스톡 이미지 사이트'에서 구입한 것일 수 있습니다. 그 기업과 개인이 정당하게 이미지를 사용했다고 하더라도, 검색된 이미지를 활용한 제삼자의 경우는 스톡 이미지를 무단으로 사용한 것에 해당하기 때문에 저작권 위반이 될 수 있습니다. 실제로 이런 사례가 꽤 많으며, 이 경우 해당 이미지를 본의 아니게 고가에 구입해야 하는 상황이 발생할 수 있으므로 검색된 이미지 사용은 지양해야 합니다.

유료 소스

유료 이미지 사이트를 스톡 이미지 사이트라고 부릅니다. 원하는 수준의 이미지를 찾기 힘들 때는 스톡 이미지 사이트를 이용하는 것이 좋습니다. 스톡 이미지 사이트는 사진 외에도 일러스트, 아이콘, PPT 템플릿 등 다양하게 활용 가능한 소스를 쉽게 찾을 수 있다는 점에서도 유용합니다.

이미지 구입 방법은 월 정액제와 개별 이미지 구매 방식이 있는데, 이용 범위에 따라 금액이 달라지기 때문에 반드시 스톡 이미지 사이트의 정책을 꼼꼼하게 확인해야 합니다. 이를 확인하지 않고 간혹 웹용으로 구입한 것을 출판 등의 오프라인 매체에 활용했다가 추가 금액을 지불해야 하는 일도 있으니 각별한 주의가 필요합니다. 국내에서 이용 가능한 스톡 이미지 사이트는 다음과 같습니다.

① 어도비스톡

어도비스톡

어도비(Adobe)에서 제공하는 스톡 이미지 서비스(https://stock.adobe.com/)로 사진과 일러스트뿐만 아니라 벡터 이미지, 템플릿, 영상, 3D, 오디오 등 2억 개가 넘는 리소스를 이용할 수 있습니다.

② 셔터스톡

셔터스톡

셔터스톡(https://www.shutterstock.com)은 3억 개의 고품질 이미지를 보유한 스톡 이미지 사이트입니다. 많은 양의 이미지 중 원하는 걸 찾을 확률이 높고, 검색 카테고리도 다양해 이미지 활용 측면에서 강점을 가지고 있습니다.

③ 게티이미지뱅크

게티이미지(https://www.gettyimagesbank.com)에서 만든 정액제 사이트로서 게티이미지의 방대한 이미지를 기반으로 사진과 일러스트 등의 콘텐츠 구성이 골고루 잘 되어 있는 스톡 이미지 사이트입니다.

게티이미지뱅크

④ 클립아트코리아

클립아트코리아(https://www.clipartkorea.co.kr/)는 일러스트나 아이콘에 특화된 스톡 이미지 사이트로 시작했으나 현재는 다른 스톡 이미지 사이트와 유사한 이미지 콘텐츠를 제공하고 있습니다. 일러스트, 아이콘을 사용한 편집 이미지가 많으며 파워포인트 템플릿도 다수 이용할 수 있다는 장점이 있습니다.

클립아트코리아

⑤ 엔바토엘리먼트

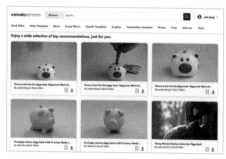

엔바토엘리먼트

엔바토엘리먼트(https://elements.envato.com/)는 이미지뿐만 아니라 영상, 오디오 등 다양한 유·무료 콘텐츠 활용이 가능해 이용률이 높아지고 있는 스톡 사이트입니다. 필터 검색이 가장 원활하며 이미지도 색깔별로 검색할 수 있어 유용합니다.

스톡 이미지 사이트 한눈에 보기

구분	어도비스톡	셔터스톡	게티이미지뱅크	클립아트코리아	엔바토엘리먼트
특징	2억 개가 넘는 디자인 리소스	3억 개의 고품질 이미지	이미지, 일러스트 등 폭넓은 이미지 소스	일러스트, 아이콘을 사용한 편집 이미지 다수	이미지와 영상, 오디오 등 다양한 멀티미디어 소스 보유
이용 요금	월 29.99달러 부터	월 29달러 부터	연 40만 원 부터	6개월 33만 원부터	월 16.5달러 부터

*각 스톡 사이트의 이용 요금은 이용 대상 및 범위에 따라 금액이 달라지므로 반드시 사전 확인이 필요합니다.

3) 영상

누구나 손쉽게 영상을 제작할 수 있게 되면서 영상 소스에 대한 수요도 높아지고 있습니다. 처음 영상 작업에 도전하거나 개인적으로 영상을 만들 때는 유료 사이트를 이용하기보다, 무료로 영상 효과를 얻을 수 있는 사이트를 활용하는 것이 좋습니다. 누구나 편하게 무료로 영상을 이용할 수 있는 사이트 몇 곳을 소개합니다.

① 픽사베이

픽사베이

픽사베이(https://pixabay.com/)는 가장 대표적인 무료 이미지 사이트이지만, 이미지와 함께 활용도 높은 영상 클립 및 소스도 제공하고 있습니다. 대부분 1분 미만의 영상인데, 최대 4k까지의 해상도를 지원하므로 무료 영상 소스 중 퀄리티가 상당히 좋은 편입니다. 또한 영상 미리 보기 기능이 있어 다운받기 전에 자신이 원하는 영상인지 확인할 수 있습니다.

② 비데보

비데보

비데보(https://www.videvo.net)는 픽사베이와 마찬가지로 4k 무료 영상 소스를 다운로드할 수 있는 사이트입니다. 고화질 무료 영상 소스를 편집되지 않은 원본 영상과 그래픽 영상을 필터링해 검색할 수 있다는 장점이 있습니다. 다만, 픽사베이처럼 모든 영상 소스가 저작권 없는 콘텐츠는 아니기 때문에 주의가 필요합니다. 사용 후 출처를 남겨야 하거나 다른 플랫폼에 재배포할 수 없는 콘텐츠가 있으니 저작권 표시 방법을 잘 확인해 선별적으로 다운로드해야 합니다.

③ 라이프오브비드

라이프오브비드

라이프오브비드(https://lifeofvids.com)는 다른 사이트들과 달리 드론으로 촬영한 영상을 전문으로 제공합니다. 사이트 상단의 All 버튼을 누르면 이 사이트에서 제공하는 모든 무료 영상 소스를 볼 수 있으며, 회원 가입 없이 바로 다운로드할 수 있습니다.

무료 영상 서비스 한눈에 보기

구분	특징
픽사베이	무료 이미지와 함께 무료 영상을 가장 많이 확보하고 있는 사이트. 대부분 1분 미만의 영상.
비데보	무료 영상과 함께 편집되지 않은 원본 영상도 찾아볼 수 있는 사이트. 저작권에 따른 이용 범위 확인이 반드시 필요하다.
라이프오브비드	드론 촬영 영상을 전문적으로 제공하는 사이트.

4) 오디오

흔히 영상의 백그라운드 음악(BGM)을 설정하기 위해 음원 소스를 찾는 경우가 많습니다. 하지만 음원을 무료로 공개하는 곳은 매우 적으며, 공공누리에서 저작권 기간을 벗어난 음원을 공개하고 있지만, 오래되어 활용도가 낮은 편입니다. 특히 음원의 불법적 사용빈도가 높아지면서 유튜브 등의 플랫폼에서는 자체적으로 불법 사용된 음원을 필터링해 영상을 차단하기도 합니다.

가장 손쉽게 음원을 찾아 이용할 수 있는 사이트는 바로 유튜브입니다. 유튜브는 1인 창작자를 위해 다양한 서비스를 제공하고 있는데요, 그중 하나가 유튜브 스튜디오에서 제공하는 음원 서비스입니다. 유튜브에 가입 후 출처를 밝히고 무료로 사용할 수 있습니다. 다만, 유튜브 콘텐츠 제작 이외의 목적으로 사용

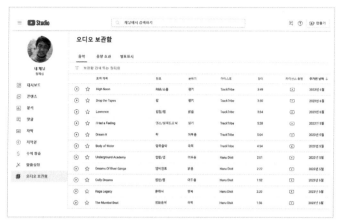

유튜브의 오디오 보관함

할 수는 없습니다. 유튜브의 음원 서비스는 다양한 장르의 음원과 효과음을 제공합니다. 유튜브 영상 게재 시 본문에 출처를 넣고 사용하면 됩니다.

저작권 확인 요청이 들어올 경우엔?

콘텐츠를 만들다 보면 필수적으로 저작권에 관심을 가질 수밖에 없습니다. 이럴 때는 대부분 사후 제품 구입을 통해서 해결합니다. 다만, 비용을 협의하기 힘들기 때문에 일반 구입 비용보다 더 비싸지는 경우가 있습니다.

우선 적합한 절차를 통해 구입했을 경우에는 저작권 확인 요청이 들어오면 글꼴 또는 이미지 사이트에서 제공하는 구입 영수증이나 확인증을 전달하면 됩니다. SNS 운영을 맡긴 대행사에서 제작했다면 확인증을 대행사에 요청합니다. 그리고 대행사에서 대행을 목적으로 이용할 수 있는 상품을 구입했는지도 함께 확인합니다. 이미지 사이트의 경우 출판, 대행, 광고 등 이용 목적에 따라 범위를 제한하기도 합니다.

불법이라고 해도 이윤 추구가 아닌 공익 목적으로 활용했다면 이를 충분히 어필해 어느 정도 분쟁 해결을 할 수 있습니다. 하지만 그 외의 경우라면 이미지나 글꼴을 구매해야 하는 상황이 발생합니다. 일부 글꼴 서비스의 경우 일정 기간 무료로 배포하는 이벤트를 진행해 설치를 유도한 다음, 해당 무료 서비스 기간이 지난 후 글꼴을 이용한 콘텐츠를 찾아 저작권 위반으로 연락을 하기도 합니다. 따라서 무료로 설치할 경우에도 이용 기간 등을 반드시 확인해, 그에 따른 제한이 있다면 사용하지 않는 것이 좋습니다.

🎧 블랙박스 영상은 저작권이 있을까?

정답부터 바로 이야기하자면 '없다'입니다. 저작권법에 따르면 저작물은 "인간의 사상 또는 감정의 창작적 표현물"로서 이러한 저작물을 창작한 자에게 저작권을 부여한다고 명시되어 있습니다. 블랙박스나 CCTV에 찍힌 영상과 사진의 경우 이러한 창작 의도가 있다고 보기 어려우므로 저작물로 분류하지 않습니다.

3. 알아두면 좋은 콘텐츠 제작 도구

콘텐츠를 보는 것과 실제로 만드는 것에는 차이가 있습니다. 블로그 게재를 목적으로 한 텍스트 콘텐츠는 그나마 자신이 직접 작성할 수 있지만, 전문적인 디자이너의 손길이 필요한 이미지나 영상이라면 이야기가 달라집니다. 전문 툴 사용법은 물론 이미지 제작에 대한 경험과 감각이 없으면 만족할 만한 결과물을 만들어내기 어렵습니다. 그렇다고 직접 디자인이나 영상 편집을 배우기에는 시간도 부족하고, 해야 할 다른 업무도 많죠.

　　이런 고민을 해결하기 위해 초보자도 몇 단계 과정만 거치면 괜찮은 수준의 디자인이나 편집이 가능한 콘텐츠 제작 자동화 서비스가 있습니다. 이번 파트에서는 콘텐츠를 쉽게 제작할 수 있는 툴과 서비스를 소개하겠습니다.

1) 이미지 & 동영상 제작 도구

작은 기업이나 소상공인의 경우 이미지나 영상을 제작하는 전문 디자이너를 두기 어렵습니다. 따라서 간단한 조작만으로 괜찮은 수준의 이미지와 영상을 제작할 수 있는 서비스를 소개합니다. 이들 서비스는 참고할 만한 샘플도 다양하게 제공해 유용하고, 이용 요금도 부담스럽지 않은 수준입니다.

① 망고보드

망고보드(https://www.mangoboard.net/)는 초기에 카드뉴스 제작 툴을 서비스하는 사이트였습니다. 샘플 카드뉴스를 놓고 이미지와 텍스트만 바꾸면 바로 새로운 카드뉴스가 만들어지는 형태의 서비스를 제공했습니다. 디자인을 못 하는 사람도 자신이 원하는 스타일의 샘플에 이미지와 내용만 바꾸면 되니 카드뉴스 제작이 훨씬 편해졌죠. 지금은 웹페이지 템플릿, 유튜브 채널 아트와 썸네일, 이벤트 배너 등 다양한 서비스도 제공하고 있습니다.

　　망고보드의 또 다른 장점은 저작권에 있습니다. 망고보드 서비스를 이용하면 그 안에서 스톡 이미지와 글꼴을 쓸 수 있는

망고보드 템플릿 페이지

데, 모두 저작권 걱정 없이 자유롭게 사용 가능합니다. 최근에는 망고보드에서 작업한 이미지를 모션 그래픽 영상으로 지원하는 서비스와 웹툰 제작, AI 이미지 제작 서비스도 제공하고 있습니다.

② 미리캔버스

미리캔버스(https://www.miricanvas.com/)는 거의 무료에 가까운 카드뉴스 제작 툴로 최근 인기가 높아진 서비스입니다. 망고보드처럼 웹에서 카드뉴스 등의 이미지를 제작할 수 있습니다. 디자인 경험이 없는 이용자도 손쉽게 이미지를 제작할 수 있도록 5만여 개의 템플릿과 12만여 개의 디자인 소스를 보유하며 이용을 지원하는 것이 특징입니다.

망고보드와 다른 점은 미리캔버스가 오프라인 인쇄물에 더욱 특화된 서비스라는 점입니다. 디자인과 함께 바로 인쇄로 연결할 수 있는 서비스를 제공합니다. 물론 온라인 콘텐츠 템플릿도 다양하게 제공하고 있습니다.

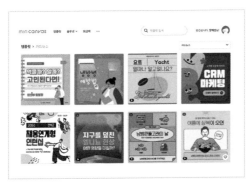

미리캔버스 카드뉴스
템플릿 페이지

③ EZGIF

간혹 페이스북이나 블로그, 광고 배너 등에 움직이는 GIF를 만들어 넣어야 하는 경우가 있는데, 이럴 때 이미지를 조합하거나 영상 일부를 업로드해 GIF 이미지를 만드는 서비스가 필요합니다.

EZGIF(https://ezgif.com/)는 낱장 이미지를 조합해 GIF 이미지를 만들 경우 전환 효과 설정은 물론 변환 속도, 사이즈 등도 쉽게 적용할 수 있는 것이 가장 큰 장점입니다.

Animated GIF Maker

Upload images

Select images:

파일 선택 선택된 파일 없음

The files will be ordered alphabetically.
You can switch to manually ordered upload.

GIF / JPG / PNG / APNG / HEIC / MNG / FLIF / AVIF / WebP or other images, up to 2000 files.
Max file size 6MB each or 100MB in total.
You can select multiple files or upload .zip archive with images.

Upload and make a GIF!

EZGIF의 Animated GIF 제작 페이지

대부분의 무료 서비스와 마찬가지로 EZGIF는 업로드 및 다운로드 용량에 제한이 있습니다. 그에 따라 이미지 사이즈 역시 제한을 받을 수밖에 없는데 페이스북, 블로그 등 일반적인 경우에는 큰 무리 없이 사용 가능합니다.

④ Pixlr

픽슬러(Pixlr, https://pixlr.com/kr/)는 온라인 무료 이미지 편집 툴입니다. 로그인 없이 PC와 모바일에서 사용할 수 있습니다. 다만 계속 이용하려면 노출되는 광고를 봐야 한다는 단점이 있습니다. 이 서비스는 초급형과 고급형 2가지 에디터를 제공합니다.

그중 픽슬러 X는 초급 사진 편집기입니다. 이미지 자르기, 사이즈 조정하기, 텍스트 넣기, 자동 보정하기, 밸런스 조정하기, 도형 그리기 등 가장 많이 쓰이는 기본적인 기능을 제공합니다. 픽슬러 E는 고급 사진 편집기로 잡티 제거, 블러, 누끼 등 세밀하고 정교한 이미지 편집 작업이 가능합니다. 픽슬러의 장점 중 하나는 별도의 디자인 필요 없이 제공하는 템플릿을 이용해 감각적인 썸네일을 만들 수 있다는 것입니다.

픽슬러

2) 오디오 & BGM 제작 도구

오디오 관련 프로그램과 서비스는 오디오 콘텐츠 제작뿐만 아니라 영상 콘텐츠를 만드는 데도 큰 도움을 줍니다. 영상으로 촬영한 오디오(음성)의 품질을 더욱 좋게 만들 수 있고, 녹취 서비스는 자막 등을 만드는 데 매우 유용합니다.

① 오다시티

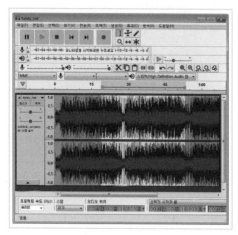

오다시티

오디오 콘텐츠는 대부분 녹음 스튜디오에서 편집까지 진행하는 경우가 많습니다. 하지만 직접 만들거나 편집 비용을 절약해야 한다면, 오다시티(Audacity, https://audacity.softonic.kr/)라는 무료 오디오 편집 툴을 추천합니다. 페이드인과 페이드아웃, 속도 변경, 음정 변경, 리버스, 톤 제너레이터, 목소리 제거 등 기본적인 기능을 손쉽게 사용할 수 있습니다.

　무료라고 해서 제한적이거나 저장 용량을 낮추는 것이 아니라, 준전문가 수준의 오디오 콘텐츠를 만들 수 있는 다양한 기능을 제공합니다.

일반적인 영상 편집 툴과 유사하게 레이어 방식으로 오디오를 편집하기 때문에 BGM, 효과음을 원하는 위치에 손쉽게 넣을 수 있다는 것 또한 장점입니다. 오다시티의 국내 활용도는 그리 높지 않은 편입니다. 하지만 세계적으로 인정받고 있는 오디오 편집 툴로, 유튜브 등에 활용 강좌가 많이 배포되어 있습니다.

3) 음성 녹취 제작 도구

① 다글로

콘텐츠를 제작하기 위해 인터뷰를 한 후에는 '녹취'를 해야 합니다. 오디오나 영상 인터뷰를 보고 들으면서 일일이 그 내용을 받아 적는 과정입니다. 그래야 영상 기획과 편집을 시작할 수 있죠. 녹취를 해야 자막을 넣을 수 있기 때문입니다.

최근 음성 파일을 업로드하면 빠르게 텍스트로 옮겨주는 서비스가 다수 생겨났는데, 그중 하나가 다글로(https://daglo.ai/)입니다.

업로드 용량에 제한이 있지만 이에 맞춰 오디오 또는 영상 파일을 올리면 탑재된 AI가 오디오를 분석해 텍스트로 변환해주

다글로

는데, 이를 다양한 문서 파일로 저장할 수 있다는 것도 장점입니다. 저장하기 전에 자동으로 입력된 내용이 맞는지 오디오를 들으며 수정할 수 있는 기능도 제공해 편리합니다. 최근에는 챗GPT를 활용해 녹취 내용을 간단한 템플릿으로 생성할 수도 있고, 글 초안을 작성할 때 도움을 주는 기능도 추가했습니다.

② 네이버 클로바노트

네이버 클로바에서 지원하는 서비스(https://clovanote.naver.com/)로 오디오 파일에 한해 녹취 서비스를 제공합니다. 10Mb 이하의 오디오 파일만 지원 가능하지만, 유료 녹취 서비스 못지않은 결과물을 얻을 수 있습니다. 녹취 텍스트와 오디오를 들으며 수정하는 기능 등을 제공하며, 다양한 포맷으로 다운로드할 수 있다

네이버 클로바노트

는 것도 장점입니다.

4) 영상 편집 제작 도구

1인 기업이나 소상공인이 영상 제작에 도전할 경우, 처음부터 영상 편집 프로그램을 다루는 데는 어려움이 있게 마련입니다. 그럼에도 영상 제작을 해야 한다면, 기초 기능을 탑재한 편집 프로그램을 이용해보세요. 이런 제작 도구를 통해 영상 편집에 대한 감을 익힌 후, 유료 편집 툴에 도전하는 것이 좋습니다.

① 곰믹스

곰믹스(https://www.gomlab.com/gommixmax-video-editing/)는 복잡

곰믹스 실행화면

한 편집 기능을 손쉽게 사용할 수 있도록 해주는 프로그램입니다. 간단한 영상 보정 및 순서 배치, 영상 전환 효과, 텍스트 삽입 등의 기능을 쉽게 다룰 수 있다는 게 장점입니다. 무료 버전은 10분 이하 영상만 편집 및 저장 가능하며, 곰믹스 워터마크가 영상 상단에 자동 배치된다는 단점이 있습니다. 유료 버전을 이용하면 워터마크 제거와 더불어 더욱 다양한 기능을 활용할 수 있습니다.

② 비디오몬스터

비디오몬스터(https://videomonster.com/)는 짧은 광고용 영상을 템플릿을 활용해 쉽게 제작할 수 있는 사이트입니다. 곰믹스가 촬영 영상을 편집하는 데 특화되어 있다면, 비디오몬스터는 사진이

비디오몬스터

나 영상을 배경으로 두고 그래픽 요소를 활용해 강조하는 광고 영상 제작에 유리합니다. 일반인은 만들기 어려운 텍스트 모션도 템플릿을 활용해 손쉽게 제작할 수 있으며, 가로형·세로형 등 다양한 영상 구성 형태를 선택할 수 있습니다.

③ 뱁믹스

뱁믹스(https://www.vapshion.com/)는 곰믹스와 유사한 영상 편집 프로그램으로, 여러 가지 동영상과 사진을 이어 붙이는 기본적인 작업부터 동영상 재생 속도 조정, 배경음악 등의 추가 기능을 제공합니다. 곰믹스와 다른 점은 다양한 자막 디자인과 액션을 사용할 수 있다는 것입니다. 무료로 이용 시 간단한 자막 효과 이용이 가능하며, 유료 버전을 이용하면 웬만한 TV 프로그램의 자막

밴믹스

디자인과 효과를 사용할 수 있습니다.

4) 스마트폰으로 편집하기

① 키네마스터

키네마스터

키네마스터(https://kinemaster.com/ko)는 가장 많은 사람이 이용하
는 동영상 편집 앱입니다. 영상 편집에 필요한 기본 기능뿐만 아

니라 전환 효과, 음악, 텍스트 효과 등을 사용할 수 있는 것이 특징입니다.

② 비바비디오

비바비디오

비바비디오는 음악, 텍스트, 스티커 효과, 이모티콘, 브이로그, 짧은 클립 및 슬라이드 쇼 기능을 제공하는 무료 비디오 편집기로 동영상의 편집, 자르기, 병합을 쉽게 도와줍니다. 구글스토어, 앱스토어에서 다운로드할 수 있습니다.

③ 파워디렉터

파워디렉터(https://kr.cyberlink.com/)는 타임라인 방식의 편집 환

파워디렉터

경을 제공합니다. 그 때문에 동영상, 사진, 오디오 소스를 겹쳐 올리는 오버레이 편집이 가능합니다. 오디오 믹서 기능을 사용하면 배경음악과 내레이션을 동시에 영상에 삽입할 수 있습니다. 무료 버전은 최대 720p의 해상도까지만 지원하며 워터마크가 추가됩니다.

4. 매력적인 콘텐츠 제작 소재 찾는 법

콘텐츠 제작은 소재 찾기부터 시작된다고 해도 과언이 아닙니다. 콘텐츠 마케팅을 하려면 매월 매주 어쩌면 매일 새로운 아이템을 찾고, 이를 트렌드에 맞게 구성해서 채널에 게재해 만족할 만한 성과를 만들어내야 합니다.

많은 사람이 '뭘 써야 할지' '어떤 내용을 다루어야 할지' 몰라서 콘텐츠 마케팅이 어렵다고 합니다. 그만큼 콘텐츠 소재 찾기는 매우 중요한 부분이지요. 좋은 소재를 찾기 위해 인터넷 검색을 한다고 해도 가이드가 없으면 시간만 버리는 셈이 되겠지요. 매력적인 콘텐츠를 만들기 위한 소재 찾기 방법을 소개합니다.

1) 기사 검색 활용하기

매력적인 콘텐츠 제작을 위해 가장 먼저 해야 할 일은 매일, 매 순간 업데이트되는 기사를 확인하는 것입니다. 네이버와 다음에서는 여러 언론사의 뉴스를 모아서 서비스하고 있는데요, 저는 네이버보다 다음을 주로 이용합니다.

다음과 네이버의 뉴스는 각각 특징이 있습니다. 네이버는 현재 이용자가 선택한 언론사의 기사만 확인할 수 있습니다. 물론 여러 언론사를 선택해서 볼 수도 있지만, 이렇게 선택하다 보면 자칫 자신의 편견이나 취향에만 맞는 기사를 살펴보게 됩니다. 평소 생각하지 못했던 소재를 찾기가 오히려 더 힘들 수 있다는 뜻입니다.

자신이 선택한 언론사의 기사 위주로 확인이 가능한 네이버 뉴스

반면, 다음은 별도의 뉴스 탭에서 현재 국내에 등록된 언론사(인터넷 신문 포함)들의 기사를 모아서 볼 수 있습니다. 다만 이것이 다음의 단점일 수도 있는데, 네이버에 비해 언론사 심사가 덜 엄격하다 보니 자칫 잘못된 정보를 접할 수도 있기 때문입니다. 따라서 다음을 이용할 때는 '다양한 정보를 접하되 너무 믿지 않는다'라는 마인드를 갖는 것이 중요합니다. 더불어 뉴스를 검색할 때는 반드시 언론사 이름도 살펴 해당 뉴스가 어느 정도 신뢰받는 언론사에서 나온 것인지 체크해야 합니다.

다음의 뉴스탭

기사를 모니터링할 때는 시간을 정해놓고 '오늘은 30~40

페이지의 기사를 확인하겠다'라는 계획을 세우는 것이 좋습니다. 관련 분야(업종)의 기사를 선별해 읽거나, 제목을 보고 관심 있는 이슈 및 분야에 맞는 내용을 살펴보면 됩니다. 기사 검색을 통한 소재 찾기는 콘텐츠 아이템에 공신력을 더해줍니다. 실제 콘텐츠를 제작할 때도 기사의 출처를 밝히고 내용을 확장해서 작성하면 좋습니다.

2) 공공 정책 자료 참고하기

제가 콘텐츠 소재를 찾기 위해 반드시 활용하는 사이트가 정책브리핑(www.korea.kr)입니다. 정책브리핑은 중앙행정 기관에서 매일 발표하는 보도 자료를 수집해 제공합니다.

대한민국 정책브리핑

공공 기관에서 발표하는 정책은 우리의 현실과 동떨어져 있지 않습니다. 매일 발표되는 보도 자료에는 일상생활에 소소한 도움을 주는 정보를 담고 있는 경우가 많습니다. 예를 들어 해양수산부는 매주 이달의 수산물을 발표하고 있으며, 농림수산식품부 역시 휴가 떠나기 좋은 농촌 등의 유용한 정보를 제공해 기업 브랜드를 운영하는 콘텐츠 마케터에게 많은 도움이 됩니다.

이와 함께 정책브리핑에서 반드시 확인해야 하는 부분이 카드뉴스와 한 컷 그리고 동영상입니다. 각 부처에서 제작한 콘텐츠를 수집해 게재하고 있는데, 어려운 정책 정보를 국민에게 쉽게 전달하기 위해 카드뉴스와 한 컷 이미지를 활용하다 보니 그만큼 콘텐츠 구성과 디자인이 뛰어납니다. 영상 또한 공공 기관의 유튜브 운영 수준이 높아지고 제작 건수 또한 많아져 기획할

정책브리핑의 다양한 카드뉴스

때 참고 자료로 삼을 만합니다.

3) 예능과 OTT 아이템 활용

콘텐츠 마케팅을 하기 위해서는 인기 예능 프로그램을 반드시 시청하라고 권합니다. 여기에는 몇 가지 이유가 있습니다.

우선, 인기 예능 프로그램은 종종 이슈 기사가 됩니다. 이슈가 되면 검색하는 사람들이 늘어나고, 이 분위기를 타서 예능 프로그램의 내용을 키워드로 활용하면 내가 운영하는 SNS 채널로 사람들을 유입할 수 있습니다.

예능 키워드를 제목에 사용하는 것도 좋지만, 본문에 예능 프로그램 내용을 살짝 녹여주면 더욱 관심을 끌 수 있습니다. 단, 무단으로 방송 화면 캡처 이미지를 사용하면 저작권을 위반하는 것이니, 필요한 경우에는 방송사에서 제공한 이미지를 사용하되 출처를 반드시 밝히도록 합니다.

최근에는 OTT를 통해 양질의 콘텐츠가 대중의 관심을 끌고 있습니다. 이를 적극적으로 반영한 사례가 바로 〈오징어 게임〉 관련 콘텐츠들입니다. 넷플릭스에서 방영한 〈오징어 게임〉이 전 세계적 관심을 끌며 이를 패러디한 '○○○ 게임' 형태의 다양한 영상, 이미지 콘텐츠가 발행되었습니다. 그러나 너무 많은 패러디 콘텐츠가 만들어지다 보니 오히려 식상한 느낌을 주는 결과가 나타나기도 했습니다. 콘텐츠 소비자는 그만큼 냉정하고 싫증도 빨리 낸다는 걸 기억해야 합니다.

예능 프로그램은 매분 매초마다 시청자를 사로잡는 요소로 가득합니다. 이를 보면서 촬영 형태, 화면 구성과 자막 형태, 강조 포인트 처리 등에 대한 인사이트를 얻을 수 있습니다.

4) 인기 뉴스레터 아이템 살펴보기

최근 특색 있는 콘텐츠를 갖춘 뉴스레터가 많이 발행되고 있습니다. 뉴스레터의 인기가 사그라질 무렵 20대를 대상으로 정치·경제 분야의 이슈를 다루는 '뉴닉' 뉴스레터가 등장해 국내에 다시 뉴스레터 붐이 일어났습니다. 그중에서 트렌드를 잘 정리하고 소재 찾기에 유용한 뉴스레터를 소개합니다.

① 아이보스 큐레터

온라인 마케팅 포털 '아이보스'에서 매주 마케팅 트렌드, 뉴스, 도서 정보를 큐레이션해 전달하는 뉴스레터입니다. 아이보스 플랫폼 내 커뮤니티·칼럼 등에 업로드된 글 중 주목할 만한 것을 선별해서 보내주며, 이와 더불어 간단히 확인할 수 있는 최신 뉴스

요약도 함께 전달합니다.

큐레터

② 까탈로그

브랜드 최신 뉴스나 신제품 출시 소식을 전해주는 취향 큐레이션 뉴스레터입니다. '디에디트'의 에디터들이 주관적으로 선정한 제품 리뷰를 전달하는데, 제품 분야가 매우 폭넓다는 게 특징입니다.

까탈로그

③ 어피티

생활 경제, 글로벌 경제, 주식 등 경제 전반을 두루 다루는 뉴스 레터입니다. 특히 금융 지식이 부족한 사회 초년생이나 재테크 초보자를 대상으로 경제 이슈를 쉽게 설명해주는 것이 특징입니다. 머니 칼럼, 직장인의 재테크 고민과 어피티의 답변 등 딱딱하지 않고 객관적인 경제 이야기를 다룹니다.

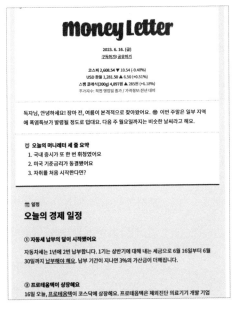

어피티의 머니레터

④ 롱블랙

매일 자정에 8000자 분량의 콘텐츠 하나를 발행하고, 24시간 안에 안 읽으면 사라지는 유료 멤버십 뉴스레터로 경제, 자기 계발, 인문 등 다양한 분야의 콘텐츠를 담고 있습니다. 발행일이 지난 콘텐츠는 별도 열람권을 구매해야만 볼 수 있는 것이 특징입니다.

롱블랙

⑤ 캐릿

캐릿

MZ세대가 열광하는 트렌드 분석과 연구 자료, 통계 등을 전달하는 뉴스레터입니다. MZ세대에 특화된 것이 가장 큰 특징으로, 최근 트렌드를 빠르게 접할 수 있다는 장점이 있습니다.

⑥ 썸원의 [SUMMARY&EDIT]

운영자가 발견한 좋은 콘텐츠를 선별, 요약, 편집해서 전하는 뉴스레터입니다. 콘텐츠를 요약할 때 목차를 넣어서 가독성을 높인 것이 특징입니다.

썸원의

5) 요즘 인기 트렌드 확인하기

콘텐츠를 만들기 위해서는 최근 트렌드에 민감해야 합니다. 그래서 기사도 검색하고, 예능도 봐야 하죠. 하지만 이른바 MZ세대는 그 흐름을 달리합니다. 언제 어떤 콘텐츠가 그들에게 폭발적 인기를 끌어 모을지 모른다는 게 가장 큰 어려움입니다. 즉각적이고 기존과 다른 이들의 관심 방향은 콘텐츠 제작자를 허무하게 만들기도 합니다. 별로 힘들이지 않은 콘텐츠에 엄청난 반응을 보이는 경우가 있기 때문입니다. 그렇다면 이들의 트렌드를 가장 빠르게 확인하는 방법은 무엇일까요? 다음카페와 트위터 활용 방법을 소개합니다.

① 다음카페

지금은 네이버카페를 이용하는 사람이 많긴 해도, 엄연히 이야기하자면 네이버카페와 다음카페는 그 방향이 꽤 다릅니다. 네이버카페가 동일한 관심사를 가진 사람들이 모여 커뮤니티를 형성하고 그 안에서 다양한 이야기를 풀어내는 공간이라면, 다음카페는 그보다 훨씬 가볍고 쉽게 접근할 수 있는 공간입니다. 전문적인 내용은 없지만 지금 당장 즐거움을 느낄 수 있는 이야기 위주로 게시물을 운영합니다. 즉, 네이버카페가 동호회라면 다음카페는 놀이터라고 할 수 있죠. 그리고 우리는 놀이터에서 이들의 관심 방향과 트렌드를 더욱 쉽게 확인할 수 있습니다.

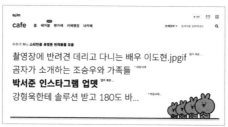

다음카페

그렇다고 다음카페에 일일이 가입해서 게시 글을 확인할
필요는 없습니다. 다음 포털은 카페 공간을 별도로 운영하고 있
으며, 이 공간에는 카페 소개보다 카페의 인기 글이 순위에 따라
노출됩니다. 순위 변동에 따라 게시 글 목록도 변화하기 때문에
시시각각 달라지는 관심사를 확인할 수 있다는 장점이 있습니다.
물론 이 게시 글을 통해 콘텐츠 소재를 찾는 경우도 꽤 많습니다.

② 엑스 트렌드

과거 트위터 시절의 엑스는 140자라는 단문의 장점을 살려 '빠
른 속보'가 최대 무기였습니다. "140자를 과연 뉴스에 포함시켜야
할까?"라는 논의까지 진행됐을 정도로 그 영향력이 막대했죠. 하
지만 현재는 정치와 팬덤, 2가지 카테고리에서 그 영향력을 행사
하고 있습니다. 특히 연예인을 대상으로 한 팬덤은 엑스에서 매
우 적극적으로, 선호하는 연예인의 일상과 일정을 공유하고 이를
빠르게 전달 및 확산합니다. 엑스의 속보성이 또 다른 사용자들
을 유도하는 것이죠.

엑스에서 'Trends for you'를 보면 사용자들이 어떤 '엉뚱
한 것'에 관심을 갖고 있는지 파악할 수 있습니다. 엑스 트렌드는
많이 쓰이는 해시태그를 중심으로 정해지는데, 그 해시태그가 참
재미있습니다. 각 해시태그를 선택하면 그 해시태그를 단 게시 글

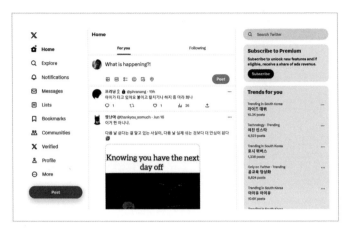

X의 Trends for you

을 확인할 수 있습니다.

　　엑스를 운영한다면 인기 해시태그를 적용한 게시 글을 빠르게 게재해 반응을 이끌어낼 수 있다는 것도 참고하세요.

ONLINE CONTENTS

II

실전!
온라인 콘텐츠 만들기

온라인 콘텐츠는 종류가 다양한 만큼 제작 난이도도 가지각색입니다. 글쓰기에 익숙한 사람이라면 텍스트 콘텐츠를 만드는 게 가장 쉽게 느껴질 테고, 디자인 감각이 있다면 이미지 콘텐츠나 인포그래픽을 잘 만들 수 있을 겁니다. 또 그림을 잘 그린다면 웹툰이나 인스타툰을 그려 콘텐츠를 만들 수도 있겠죠.
이번 장에선 8종류의 온라인 콘텐츠를 실제로 만들어보면서 콘텐츠 제작 시 주의할 점과 제작 팁을 알려드립니다.

1. 검색에 잘 드러나야 해요!
텍스트 콘텐츠

굳이 콘텐츠에 국한하지 않더라도 텍스트는 직장 생활의 기본입니다. 간단한 보고서나 메일, 메신저 커뮤니케이션이 모두 텍스트로 이루어집니다. 텍스트에는 상황, 감정을 모두 담을 수 없기 때문에 직접 만나서 이야기하는 것보다 전달력이 떨어집니다. 그러므로 텍스트는 상대방이 이해할 수 있도록 간결하면서도 명료하게 정리해야 합니다.

텍스트 콘텐츠는 크게 2가지로 분류합니다. 하나는 블로그형 콘텐츠, 다른 하나는 SNS 본문에 들어가는 텍스트입니다. 전자에 비해 후자는 길이가 짧은 것이 특징인데, 그만큼 내용을 잘 함축해야 합니다. 반면 블로그는 전후 관계를 설명할 수 있는 충분한 콘텐츠 입력 공간이 존재합니다. 그래서 콘텐츠를 통해 전달하고자 하는 의도와 정보를 제대로 담아낼 수 있다는 장점이 있습니다.

1) 텍스트 콘텐츠 구성 형태

블로그에서 활용 가능한 텍스트 콘텐츠의 형태는 아래와 같이 정리할 수 있습니다. 물론 이 외에도 자유로운 구성이 가능합니다.

① 텍스트만으로 구성

언론사의 인터넷 기사를 생각하면 됩니다. 제목과 본문이 모두 텍스트로 이뤄진 콘텐츠로, 누구나 쉽게 제작할 수 있다는 장점이 있습니다. 그런데 요즘 SNS에서는 텍스트만으로 구성된 콘텐츠를 많이 볼 수 없습니다. 그 이유는 이용자들의 성향이 변했기 때문입니다.

현재는 이용자가 직접 콘텐츠를 생산하고 다른 이용자들과 소통하는 것이 보편화했지만, 초기에는 콘텐츠를 만드는 정보 생산자와 소비하는 정보 소비자층이 구분되어 있었습니다. 그러다 보니 정보 소비자는 텍스트로만 이루어진 정보에도 높은 반응을 보였습니다. 하지만 시간이 지나면서 콘텐츠는 더 잘 이해되고 눈에 띄는 방향으로 변했습니다. 텍스트로만 이뤄진 콘텐츠보다 이미지와 영상을 삽입한 콘텐츠에 사람들이 더 많은 반응을 보였기 때문입니다. 이런 현상은 영상 콘텐츠의 확산으로 더욱 커지고 있습니다.

② 이미지+텍스트

블로그에서 가장 많이 활용하는 형태입니다. 블로그 에디터(콘텐츠 편집기)의 발전으로 요즘에는 누구나 쉽게 글을 쓰고 이미지를 올려 콘텐츠를 완성할 수 있습니다. 이때 이미지는 자신이 직접 찍은 사진을 사용할 수도 있고, 네이버에서 제공하는 무료 이미지나 무료 사이트의 이미지를 사용할 수도 있습니다. 이때 이미지는 텍스트의 이해력과 전달력을 높이기 위한 목적으로 쓰입니다. 이미지가 텍스트를 압도해서는 안 된다는 뜻이죠.

특히 모바일에서 콘텐츠를 볼 때는 화면이 작아 한 번에 전달할 수 있는 정보의 양이 PC보다 적은 편입니다. 무턱대고 이미지만 많이 사용하면 전달하려는 정보가 잘 안 보이기 때문에, 결국 이용자의 외면을 받습니다.

글과 이미지가 함께 들어간 콘텐츠를 구성할 때는 2~3단락에 한 개 정도의 이미지를 사용하는 것이 적당합니다. 이때 내용과 상관없는 이미지를 사용하면 콘텐츠에 대한 신뢰를 떨어뜨립니다. 블로그 콘텐츠를 작성할 때 이미지를 삽입하면 검색 결과 이미지 탭에도 노출되므로 방문자 유입에 도움을 줍니다.

③ 편집 이미지(영상)+텍스트

콘텐츠의 정보 전달력을 높이려면 이미지에도 정보를 담아야 합니다. 이때는 별도의 정보 이미지를 제작합니다. 또한 정보 전달 효과를 높이기 위해 영상을 넣거나 간단한 GIF 이미지를 제작해 추가하기도 합니다.

정보성 이미지의 경우 블로그뿐만 아니라 페이스북이나 인스타그램에서도 발행할 수 있고, 영상은 유튜브에 올리면 더 많은 사람에게 정보를 전달할 수 있습니다. 네이버에 영상을 직접 업로드하는 방법도 있지만, 유튜브에 올려서 링크를 삽입해 보여 줄 수도 있습니다.

2) 콘텐츠 제작 기획안 작성하기

기획안을 작성할 때는 기업이나 브랜드 채널의 성향을 고려한 주제를 선정하고, 타깃이 관심을 가질 수 있는 소재 또는 이슈와 결합해 구성해야 합니다.

기업이나 브랜드 채널을 운영할 때는 보통 1년간 도달하려는 목표를 정하는데요, 콘텐츠는 이 목표 달성에 도움이 되도록 제작해야 합니다. 좀 더 구체적으로 말하면, 노출 목표로 삼는 키워드를 정해 이들 키워드를 검색했을 때 우리의 콘텐츠가 보일 수 있게끔 제작해야 하죠.

콘텐츠 제작 전 기업의 정체성과 역할을 반영한 노출 키워드를 선정하는데, 이를 핵심 키워드라고 합니다. 텍스트 콘텐츠는 이 핵심 키워드를 얼마나 적절하게 배치했느냐에 따라 검색 유입의 결과가 달라집니다.

내용이 충실하고 키워드도 적절하게 들어간 텍스트 콘텐츠를 만들기 위해서는 키워드, 내용, 이슈에 맞는 기획안을 작성해야 합니다. 콘텐츠 기획안은 텍스트 콘텐츠 제작뿐만 아니라 SNS 운영 시 반드시 작성해놓는 것이 좋습니다. 그래야 처음 계획에 맞춰 운영이 가능합니다.

콘텐츠 제작 시 검색 유입을 늘리겠다며 키워드만 많이 넣는 것은 피합니다. 키워드만 반복한 콘텐츠는 사람들의 신뢰도를 낮추고 광고로 인식되어 외면받을 수 있습니다. 아래의 표를 활용해 콘텐츠 기획안을 작성해보세요.

기획안 포함 요소

발행일	키워드	주제 및 제목	구성 내용	이미지 구성	제작 이유
5/12	친환경, ESG	요즘 이슈 '그린워싱', 제대로 알아보기!	ESG에서 그린워싱을 언급하고 있는 내용을 예로 들면서 시작, 그린워싱에 대한 정의와 국내외 사례 소개	단순 이미지 추가	환경 분야에서 그린워싱 키워드가 자주 언급되고 있음

① 발행일

발행일은 규칙적으로 콘텐츠를 선보이는 기준입니다. 필요에 따라서는 발행 시간까지도 적는 것이 좋습니다. SNS 분석 데이터를 살펴보면, 언제 콘텐츠를 게시했을 때 이용자들의 반응이 높게 나타나는지를 확인할 수 있습니다. 이를 반영해 콘텐츠 발행 계획을 세우세요.

② 키워드+키워드 검색량

검색 유입을 높이기 위해서는 어떤 키워드를 핵심으로 삼아 콘텐츠를 만들지가 중요합니다. 콘텐츠를 만드는 목적과 그에 부합하는 타깃을 명확히 설정한 후, 적합한 키워드를 찾아야 합니다. 검색 키워드는 핵심 키워드와 이슈 키워드로 구분할 수 있습니다. 여기서 핵심 키워드는 콘텐츠를 만드는 목적 또는 콘텐츠를 만드는 기업과 브랜드의 방향을 반영한 키워드입니다. 이슈 키워드는 최근 트렌드나 주요 이슈를 반영한 키워드입니다. 내용에 부합하는 이슈 키워드는 더 많은 조회 수를 달성할 수 있습니다. 이렇게 핵심 키워드와 이슈 키워드를 기획해 작성하면 콘텐츠를 더욱 정확한 내용으로 만들 수 있습니다.

키워드를 정할 때는 사람들이 어떤 키워드를 많이 검색하는지 살펴보는 것이 좋습니다. 네이버 광고의 키워드 도구를 살펴보면, 키워드별 검색량이나 비슷한 분류의 키워드에 대한 검색량을 비교해 확인할 수 있습니다. 콘텐츠에 사용하는 키워드는 경쟁력이 높은 키워드보다는 중간 정도의 경쟁력을 갖고 있는 키워드를 체크해서 콘텐츠에 삽입하는 것이 좋습니다. 경쟁력이 높은 키워드는 여러 콘텐츠로 제작되기 때문에 상대적으로 검색 상위 노출이 힘든 편입니다. 아직까지 많이 제작되지 않지만 사람들의 관심을 끌고 있는 키워드를 찾아내 이와 관련한 콘텐츠를 제작하는 것이 유리합니다.

③ 제목

기획안을 작성할 때는 반드시 제목을 포함합니다. 검색에서 가장 먼저 눈에 들어오는 것이 제목입니다. 매력적인 제목은 사람들이 클릭하게끔 만들지요. 또한 제목은 콘텐츠의 방향성을 보여주는 중요한 항목입니다. 핵심 키워드를 제목 앞부분에 넣어 지어보세요.

④ 구성 내용

글의 방향을 잡기 위해서는 기획에 맞는 내용을 2~3줄 내외로 간략하게 정리하는 것이 좋습니다. 구성 내용은 콘텐츠의 기획 의도를 이해하는 데 도움을 줍니다.

⑤ 이미지 구성

어떤 이미지를 추가할 것인지, 어떤 편집 이미지를 제작할 것인지 등을 결정합니다.

⑥ 제작 이유

콘텐츠 제작 및 발행 이유를 적습니다. 여기엔 왜 해당 일정에 이 콘텐츠를 제작해야 하는지, 어떤 이슈와 연결되는지 등이 포함됩니다. 콘텐츠 마케팅에 쓰이는 모든 콘텐츠는 정확한 목표와 계획 아래 발행된다는 것을 명심해야 합니다.

3) 블로그 콘텐츠 제작하기

텍스트 콘텐츠를 사용하는 대표적인 매체는 블로그입니다. 블로그 콘텐츠는 일반적인 글쓰기와 동일하게 1) 제목, 2) 도입부, 3) 본문, 4) 맺음말로 구성됩니다. 제목은 관심을 유도하기 위한 문장을 바탕으로 키워드를 한 가지 이상 포함하는 것이 좋습니다. 도입부는 콘텐츠 제작 이유 및 그걸 읽어야 하는 이유를 적어 본문으로 스크롤하게 만드는 장치입니다. 맺음말은 전체 주제를 3~4문장 정도의 단락으로 요약 정리합니다. 좀 더 자세하게 살펴볼까요?

① 제목(가제목) 만들기

제목은 전체 콘텐츠의 방향을 제일 먼저 보여주는 만큼 매우 중요합니다. 대부분의 이용자가 검색을 통해 블로그 콘텐츠를 접하는데, 검색으로 콘텐츠에 유입되는 과정은 다음과 같습니다.

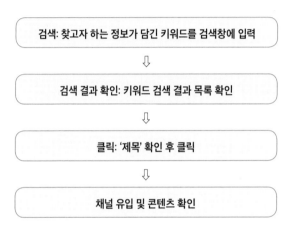

키워드를 잘 사용해 검색 결과 상위에 노출되어도 제목이 평범하면 이용자에게 선택받지 못합니다. 해당 키워드 검색 이용자의 호기심을 자극하는 제목을 만드는 것이 중요합니다.

또한 제목은 콘텐츠의 클릭을 유도할 뿐만 아니라 이용자가 다른 콘텐츠를 계속 살펴보게끔 만듭니다. 한 가지 내용이 궁금해 클릭해서 봤는데, 포스트 하단에 관련 내용의 포스트 제목을 넣고 링크를 걸어두었다면, 이용자는 더 많은 내용을 알고 싶어 자연스럽게 이어지는 포스트를 클릭하게 됩니다. 바로 이때 제목이 호기심을 끄는 역할을 하는 것이죠.

제목을 짓는 방법은 크게 2가지로 나뉩니다. 하나는 정보를 정확하게 전달하는 제목, 다른 하나는 후킹한 요소를 넣어 유입을 유도하는 제목입니다. 둘 다 유용한 방법이므로 콘텐츠의 성격에 따라 활용하면 됩니다.

정보 전달형 제목은 보도 자료, 활동 소개, 제품 사양 등의 정보를 전달하는 콘텐츠에 주로 사용합니다. 기업이나 브랜드, 기관의 활동을 객관적으로 전달하면서 콘텐츠의 신뢰도를 높일 수 있습니다.

🤙 정보 전달 목적 제목의 예

- 챗GPT가 바꿔 가는 콘텐츠 시장!
- 환경 보호를 위한 첫걸음 '탄소포인트제' 자세히 알아보기
- 소상공인 사장님을 위한 경영 컨설팅받으세요!

🤙 후킹한 요소를 넣은 제목의 예

- 20대라면 놓쳐서는 안 될 통신 서비스 BEST 5!
- 올봄에 놓쳐서는 안 될 봄꽃 명소는 어디?

- 챗GPT 뜨니 표절 늘어난다고? 소설이 달라진다!

　　후킹한 요소를 넣은 제목은 최근 이슈가 되는 키워드를 활용하거나 의문형, 질문형 등의 대화형 문장으로 구성해 호기심을 높입니다. 도발적인 문구를 제목에 넣는 것도 방법입니다.

🎧 유입을 늘리는 콘텐츠 제목 유형

1. 숫자가 들어간 리스트
숫자는 호기심을 자극하는 강력한 요소임과 동시에 자료의 객관성을 보장하는 요소입니다. 제목에 숫자를 노출하면 어느 정도의 정보를 얻는지 명확하게 알 수 있기 때문에 클릭 유도에 도움이 됩니다. 숫자는 5 이상을 써야 다양한 내용을 전달한다는 느낌을 받을 수 있습니다.

2. 하우 투(How to)와 와이(Why) 형식
검색의 가장 큰 목적은 궁금한 것, 알고 싶은 것을 즉시 해결하는 데 있습니다. 따라서 사람들이 원하는 정보를 콘텐츠로 제작하면 클릭을 쉽게 유도할 수 있겠지요. '~하는 법' '~ 피하는 법' '~하는 이유' 등과 같이 문제 해결에 직접적으로 도움을 주는 콘텐츠와 제목을 지어보세요.

3. 역할에 충실한 제목
연말 연초에는 항상 트렌드 전망을 분석한 도서들이 출간되는데, 이때 가장 많이 활용하는 제목이 '~라면 꼭 해야 하는'과 같이 역할과 연관성을 강조한 것입니다. 온라인 콘텐츠 제목도 이런 형식을 빌려 지으면 더 많은 사람의 관심을 사로잡을 수 있습니다.

마지막으로, 콘텐츠 제목을 정할 때 주의할 점은 제목과 본문의 일치입니다. 간혹 재미없는 내용에 이용자를 유입시키기 위해 내용과는 별 상관없는 후킹한 제목을 짓는 경우가 있습니다. 제목에 끌려 클릭을 유도할 수는 있지만, 곧바로 이탈하게 만들며, 나아가 운영 채널의 신뢰도를 낮출 수 있으므로 주의해야 합니다.

② 리드 작성하기

콘텐츠의 리드는 제목을 클릭했을 때 나오는 제일 첫 문단을 말합니다. 이용자가 스크롤을 내려 본문을 읽도록 유도하는 역할을 합니다. 리드는 4~5줄 내외로 작성하고, 많아도 2문단 이상을 넘어가지 않도록 합니다. 리드는 본문을 보조하는 역할을 하므로 분량이 너무 늘어나지 않도록 조절하세요. 너무 길면 이용자가 리드만 읽고 이탈해버릴 수 있습니다.

리드의 내용은 누가 블로그를 방문할지 알 수 없기 때문에 대중적으로 관심 가는 소재를 활용해 구성하는 것이 좋습니다. 기사 검색을 통해 어떤 이슈가 있는지 확인한 후 이를 녹여낼 수도 있고, 콘텐츠 발행 당일 방송하는 드라마나 예능을 소재로 구성해 관심을 끌면서 키워드 유입까지 노려볼 수도 있습니다.

리드 작성 시에는 이미지를 넣을지 말지 고민해야 합니다. 모바일 기기를 통해 콘텐츠를 읽을 때는 리드와 본문의 소제목이 살짝 겹쳐서 보여야 내용이 연결되어 자연스럽게 스크롤을 하게 만듭니다. 이때는 리드 다음에 이미지를 넣는 게 오히려 스크롤에 방해가 될 수 있습니다. PC도 마찬가지입니다. 리드 다음에 큰 이미지가 나오면 본문이 보이지 않기 때문에 가독성이 떨어지므로 주의해야 합니다.

되도록 별도 제작한 타이틀 이미지를 콘텐츠 시작 부분에 넣고, 짧은 리드 후에 본문 소제목이 바로 연결될 수 있도록 구성하는 것이 좋습니다. 또한 타이틀 이미지를 제작하는 것도 선택 가능합니다. 실제 리드 작성법을 예시와 함께 살펴보겠습니다.

- 일상 소재를 활용한 리드

마케팅을 위한 블로그 콘텐츠는 대부분 일반인을 대상으로 제작됩니다. 그러므로 어렵고 전문적인 내용보다는 보통 사람의 일상과 밀접한 관련이 있는 이야기를 소재로 삼아 쓰는 것이 이용자들의 관심을 높일 수 있습니다. 사소한 일상 이야기가 리드에서는 강력한 역할을 할 수 있다는 걸 명심하세요.

🖐 리드 예시: 일상생활 소재 활용

헷갈리는 분리배출, 어떻게 해야 할까?

제가 사는 아파트는 금요일과 토요일이 분리배출하는 날이에요. 한 주 동안 쌓아놓았던 재활용 쓰레기를 들고 분리배출하는 공간에 도착하면, 그때부터 머리가 멍~해져요. 이게 과연 플라스틱에 들어가는 것이 맞는지, 종이는 왜 이리 종류가 다른지 등등 분리배출 방법이 생각보다 복잡하기 때문인데요, 여러분은 이런 경험 있나요? 저처럼 매번 분리배출이 헷갈리는 분들을 위해, 지금부터 분리배출 완벽 마스터, 시작합니다!

- 최근 이슈를 반영한 리드

당연히 이용자들은 모르는 내용보다 아는 내용에 더 많은 관심을 가집니다. 최근 언론을 통해 자주 보도되는 주제, 또는 TV 드라마나 예능의 소재를 활용해 리드를 작성하면 더 많은 관심을 이끌어낼 수 있습니다.

✌️ 리드 예시: 최근 이슈 반영

상황별 학교폭력 예방법 알아봐요!

요즘 가장 인기 있는 드라마를 꼽으라면 단연코 〈더글로리〉라고 이야기할 수 있어요. 학창 시절 학교 폭력 때문에 힘들어했던 주인공이 성인이 되어 학교 폭력 가해자를 만나면서 전개되는 스토리에 많은 사람이 공감하고 있어요. 〈더글로리〉가 방송되면 그 회차 내용이 바로 기사화되기도 하고, 학교 폭력에 더욱 공감하는 분위기가 형성되기도 하죠.

예전에는 무심코 넘어갔던 학교 폭력이 최근 심각한 사회문제로 대두하면서 아이들은 물론 부모님들의 걱정도 커지고 있어요. 그래서 학교 폭력이 무엇이고, 상황별로 어떻게 대처해야 하는지 알아볼게요.

리드는 최대한 다음에 이어질 본문에 호기심을 불러일으키게끔 써야 합니다. 리드에서 하나의 이야기가 완결되는 것이 아니라, 본문과 연계시켜 구성해야 합니다.

리드의 마지막 문장을 어떻게 정하느냐 역시 중요합니다. 채널의 성격에 따라 문장이 달라질 수 있겠지만, 대부분 본문 내용을 읽어보게끔 직접적으로 유도하는 것이 좋습니다. '~해볼까요?' 같은 청유형 문장으로 마무리하는 것이죠. 하지만 모든 콘텐츠의 리드가 같은 방식으로 끝난다면 오히려 식상하겠죠? 콘텐츠 에디터라면 매번 새로운 문장으로 이용자를 유도하기 위해 노력해야 합니다.

③ 본문 작성하기

글 쓰는 게 어렵다고 이야기하는 사람을 종종 만납니다. 소설·시 같은 문학작품은 특별한 재능의 영역이라고 할 수 있지만, 우리가 흔히 보는 블로그 콘텐츠는 정보를 매우 쉽게 전달하는 것이 목적인 만큼 작품 수준의 글쓰기 역량이 필요하지는 않습니다.

'있어 보이는' 글을 만들려고 수식어를 남발하면 오히려 군더더기가 많아 정보 전달력이 떨어집니다. 블로그 콘텐츠를 작성할 때는 어려워하지 말고 자신이 생각하는 바를 솔직하게 쓰는 것이 좋습니다.

모든 분야에서 전문가가 되기 위해 가장 필요한 건 '숙련'입니다. 욕심내지 않고 꾸준히 쓰다 보면 어느 순간부터는 자신의 생각을 명확하게 콘텐츠로 만들어낼 수 있을 것입니다. 블로그 콘텐츠 본문을 작성하는 방법은 다음과 같습니다.

- 글의 주제는 시작과 끝 양쪽에 모두 담기

학창 시절 국어 시간에 글의 주제를 드러내는 위치에 따라 두괄식, 미괄식, 양괄식 등으로 구분할 수 있다는 걸 배웠습니다. 글의 목적마다 주제 배치의 방식이 다르겠지만, 블로그 콘텐츠에는 양괄식 구성이 좋습니다. 주제와 키워드를 반복하면 검색 상위 노출 가능성이 커지기 때문입니다. 본문 시작 부분에서 주제를 한 번 던져 흥미를 유도하고, 마지막에 다시 한번 주제를 언급해 글의 목적을 전달하는 걸 추천합니다. 특히 본문 첫 문단은 반드시 주제와 핵심 키워드를 포함해 구성하는 것이 좋습니다.

- 한 문단은 5줄 이내로 구성하기

콘텐츠를 접하는 주요 기기가 PC에서 모바일로 이동하면서 온라인 텍스트 콘텐츠를 소비하는 행태도 달라졌습니다. 화면이 작아진 만큼 한 번에 보이는 콘텐츠의 분량도 줄었지요. 따라서 글을 작성할 때는 한 문단의 길이가 최대 5줄을 넘지 말아야 합니다.

블로그 콘텐츠에서 한 문단의 글을 한 줄 정도로 짧게 적어 가운데 정렬로 맞추는 경우가 종종 있습니다. 하지만 이런 꾸밈은 풍성한 정보를 전달하는 데 한계가 있습니다. 충분한 내용을

본문 가운데 정렬 사례
(출처: 해양수산부 블로그)

전달하려면 포스트의 길이가 길어질 수밖에 없으니까요. 이처럼 가운데 맞춤을 하면 정보를 집약적으로 담는 데 어려움이 있습니다. 또한 모바일 화면은 기기마다 크기가 다르기 때문에 자신의 모바일 폰에서 제대로 줄 나눔을 했더라도 다른 폰에서는 엉성하게 글이 넘쳐 문단이 어긋나는 경우도 종종 생깁니다.

　　그러므로 글은 앞쪽 정렬이나 양쪽 정렬로 맞추는 걸 추천합니다. 스페이스 바를 눌러 강제로 띄어쓰기를 하거나 엔터키를 눌러 줄 간격을 조절하는 것 역시 가독성을 떨어뜨릴 수 있으니 주의해야 합니다.

본문 양쪽 정렬 사례
(출처: 국민권익위원회 블로그)

- 중간 제목은 반드시 넣기

본문은 한 문단에 4~5줄 정도로 구성합니다. 모바일에서 이 정도 분량은 글만으로도 화면 전체를 꽉 채우는데요, 읽는 사람 입장에서는 무척 갑갑한 느낌을 줍니다. 그렇다고 무조건 문단을 짧게 만드는 게 정답은 아닙니다. 너무 잦은 문단 구분은 오히려 콘텐츠의 흐름에 좋지 않습니다.

이럴 때는 문단 사이에 중간 제목을 넣어 콘텐츠의 흐름과 호흡을 환기시켜줍니다. 중간 제목은 새로운 내용을 전개하기 전에 만들어 넣는데요, 이후에 진행되는 몇 단락의 내용을 요약하는 역할을 합니다. 이용자는 중간 제목을 통해 뒤에 어떤 내용이 나올지 예상하며 글을 읽을 수 있습니다.

중간 제목에 핵심 키워드를 넣으면 검색 유입에도 도움이 됩니다. 블로그 중에는 중간 제목을 이미지로 제작하는 경우도 있는데, 이때는 이미지에 키워드를 메타태그로 삽입해 검색이 가능하도록 하는 게 좋습니다. 티스토리나 워드프레스 같은 설치형 블로그는 메타태그를 통해 이미지에 키워드를 삽입할 수 있으나, 네이버 블로그는 그런 기능이 없기 때문에 중간 중간 제목을 글로 적어서 정리하는 게 유리합니다.

- 마무리 글 작성하기

제목과 리드, 본문까지 작성했다면 이제는 마무리 글을 통해 콘텐츠를 완성합니다. 마무리 글에는 이 콘텐츠를 어떤 목적으로 작성했는지 분명히 알려주고 실천, 변화 등을 권유하는 형식으로 부드럽게 끝을 맺습니다.

하고 싶은 이야기가 많더라도 마무리 글에서 새로운 소재나 주제를 꺼내는 것은 피해야 합니다. 대신 "다음 포스트에서는 ○○○에 대해서 더 알아볼게요!"와 같은 식으로 내용을 이어갈 거라는 메시지를 남기면, 관련 내용이 궁금한 이용자는 해당 포스트가 업로드될 때 다시 찾아볼 것입니다.

4) 블로그 콘텐츠를 검색에 잘 노출되게 만들기

하루에도 수십만 건의 콘텐츠가 발행되는 요즘은 검색 유입이 저절로 이뤄지기만을 기다려서는 안 됩니다. 더 많은 사람이 우리의 콘텐츠를 읽을 수 있도록 광고를 하기도 하지만, SNS 운영 예산이 적은 작은 기업이나 브랜드·소상공인이라면 SEO, 즉 검색엔진 최적화를 통해 검색 유입을 늘릴 수 있습니다.

① 제목에는 반드시 핵심 키워드를 넣어주세요

검색엔진에서 노출 기준을 정할 때 가장 먼저 살펴보는 요소는 바로 제목입니다. 제목에 핵심 키워드가 포함되어 있다면 검색 결과 상위 노출에 매우 유리하게 작용합니다. 따라서 핵심 키워드를 사용해 제목을 구성하되 해당 키워드가 대중적이지 않다면, 글 내용과 관련 있는 최신 이슈를 확인하고 그 이슈 키워드를 제목에 반영하는 것도 좋습니다.

② 이미지와 동영상을 추가해주세요

블로그 콘텐츠를 만들 때는 내용을 확장하는 이미지와 동영상을 함께 넣어주세요. 이미지 검색, 동영상 검색을 통해 더 많은 검색 유입이 발생하며, 검색엔진이 검색 인덱스를 생성할 때 양질의 콘텐츠라고 판단하는 데도 도움을 줍니다.

③ 이미지와 동영상에 설명을 다세요

이미지를 업로드한 다음에는 하단에 설명 글을 입력합니다. 이미지가 보여주는 본문의 내용을 축약해서 정리하면 됩니다. 좀 더 좋은 방법은 내용을 확장하는 설명을 다는 것입니다. 요소마다 읽을거리가 많은 블로그 콘텐츠는 검색 노출에도 도움이 되고 방문자들의 정보 만족도 또한 높여줍니다.

④ 비슷비슷한 중복 글은 피하세요

매번 새로운 내용의 글을 쓰는 것은 어렵습니다. 그러다 보니 토씨 하나 틀리지 않은 똑같은 글을 여러 사이트에 올리거나, 일부만 수정해서 다시 발행하는 경우가 종종 있습니다. 하지만 검색엔진은 기본적으로 유사성 체크를 하며, 유사성이 어느 기준 이상이면 중복 내용이라고 판단해 가장 먼저 게재한 콘텐츠만 검색 결과에 노출시킵니다. 이런 식으로 콘텐츠를 중복 게재하면 오히려 광고성 채널로 판단해 검색 노출에서 제외하는 경우도 있으니 주의하세요.

⑤ 외부 사이트를 인용했다면 반드시 링크를 넣어주세요

검색엔진은 외부 사이트와의 연결성이 좋은 웹페이지, 블로그에 좋은 점수를 줍니다. 즉, 나의 블로그를 통해 여러 사이트와 연결되는 콘텐츠를 양질의 콘텐츠라고 판단하는 것인데요, 외부 내용을 인용할 때는 반드시 링크를 넣어주세요. 링크를 통해 원출처를 밝히는 것이 저작권 정책을 위반하지 않고 안전합니다. 인용 링크는 공식 기관이나 학회, 뉴스 등 신뢰성 높은 사이트를 사용하세요. 개인이 운영하는 블로그에서 인용할 경우 자칫 저작권 위반 소지가 크기 때문입니다.

공식 블로그의 글을 인용하는 경우에도 해당 블로그 운영 기업이나 기관의 전문성이 드러나는 글을 중심으로 인용해야 합니다. 방문자의 흥미를 불러일으키기 위해 작성한 글은 다른 자료를 보고 쓴 것이 많습니다. 이 또한 정보 오류의 소지가 있으니 피해야 합니다.

⑥ 불필요한 키워드 나열은 피하세요

과거에는 더 많은 검색 유입을 위해 블로그 콘텐츠 하단에 배경색과 동일한 색상으로 키워드를 잔뜩 적어 넣는 경우가 종종 있었습니다. 하지만 요즘의 검색엔진은 키워드가 기계적으로 반복되는지를 찾아내 채널의 신뢰도를 결정합니다. 콘텐츠 작성 시 자연스럽게 들어가는 키워드 외에 같은 키워드를 반복하거나, 내용과 직접 관련이 없는 키워드를 사용하는 것은 되도록 피하세요.

블로그 포스트 세부 구성안

발행일	
내용 요약	
핵심 키워드	
중간 제목 1	
중간 제목 2	
중간 제목 3	
자료 링크	
삽입 이미지	

2. 한 장으로 바로 알 수 있어요!
이미지 콘텐츠

이미지 콘텐츠는 시각적 요소를 최대한 활용해 단번에 시선을 사로잡고, 짧은 정보를 명료하게 전달해 호기심을 유발하는 데 목적이 있습니다. 이미지 콘텐츠를 만들 때는 불필요한 텍스트를 줄이고 이미지 자체로 설명할 수 있게끔 해야 합니다.

이미지 콘텐츠는 크게 사진과 일러스트로 나눕니다. 사진은 전달하고자 하는 목적에 맞는 장면을 찍거나 찾아서 사용합니다. 일러스트는 이용자들의 재미와 관심을 사로잡아야 할 때 사용합니다. 스톡 사이트에서 제공하는 이미지를 활용해 사용 목적에 맞게 다시 만드는 경우도 많습니다. 콘텐츠의 독창성을 위해 디자이너가 직접 그린 일러스트도 있습니다.

대표적인 이미지 중심 SNS는 인스타그램입니다. 인스타그램 이용자들은 텍스트보다 멋진 사진과 이미지에 더 많은 반응을 보입니다.

온라인 콘텐츠를 만들 때 금손 능력자라면 직접 이미지를 제작하겠지만, 대부분의 기획자는 기획안과 시안 작성 역할을 맡고, 제작은 전문 디자이너에게 요청하는 경우가 많습니다. 원하는 정보가 담긴 이미지를 잘 만들려면 이미지 기획안 작성법을 알아두세요. 글과 달리 이미지는 자신의 머릿속에 있는 그림을 표현하는 것이기 때문에 잘 작성할수록 디자이너와의 소통도 원활해집니다. 자신이 직접 사진을 찍고 이미지를 만들 때도 기획안을 먼저 만들어두면 목적에 좀 더 알맞은 이미지 제작이 가능합니다.

드로잉 이미지를 활용한 인스타그램 게시물 (출처: 삼성화재 인스타그램)

1) SNS별 이미지 콘텐츠 형식 선택하기

이미지 콘텐츠를 만들 때는 제작 목적과 게재 채널에 따라 어떤 이미지 형식을 선택할지 결정해야 합니다. 최근에는 블로그, 인스타그램, 페이스북뿐만 아니라 유튜브에서도 커뮤니티를 통해 여러 가지 이미지를 공유하고 있어, 채널 성향에 맞는 이미지 유형 선택이 더욱 중요해졌습니다.

① 인스타그램

시각적인 부분이 매우 강조되는 SNS로, 이용자가 보는 순간 "와~" 하며 감탄할 수 있는 사진과 이미지를 사용하는 것이 좋습니다. 맨 처음 보이는 한 장의 이미지로 시선을 끌어야 하므로 이미지 제작 난이도가 높습니다. 인스타그램 이미지 콘텐츠는 텍스트를 최대한 배제하는 것도 이용자들의 눈길을 사로잡는 방법입니다.

② 페이스북

주로 정보를 얻기 위해 이용하는 사람이 많은 SNS입니다. 페이스북의 이미지 콘텐츠는 정보를 충실하게 담아 만드는 것이 좋습니다. 제목과 설명으로 이뤄진 카드뉴스 콘텐츠가 많이 활용됩니다. 사진보다는 일러스트를 활용해 구성해볼 수도 있습니다.

③ 블로그

텍스트의 설명력을 높이기 위해 부가적인 요소로 활용하는 경우가 많습니다. 대부분 본문과 연관된 사진을 별도의 편집 없이 추가합니다.

④ 유튜브

썸네일과 커뮤니티 게시물을 올릴 때 이미지 콘텐츠를 사용합니다. 유튜브 썸네일은 클릭과 조회를 유도하는 가장 첫 번째이자 중요한 요소입니다. 썸네일 이미지를 제작할 때는 핵심 요소를 강조하고, 살짝 과하다 싶을 정도의 크기로 타이틀을 배치하는 것이 좋습니다. 더불어 한 영상에 2개 이상의 썸네일 이미지를 제작해 조회 수나 반응 정도에 따라 썸네일을 변경해 클릭 효과를 높이는 것도 필요합니다.

　　유튜브 커뮤니티는 채널의 게시물이나 방송 예고, 이벤트 등을 진행하는 메뉴입니다. 유튜브 크리에이터나 방송 채널에서 활발하게 쓰이고 있습니다. 유튜브 피드에서 눈에 띄도록 B급 이미지를 사용하기도 합니다.

2) 이미지 콘텐츠 구성안 작성하기

이미지 콘텐츠 기획안은 실제 디자인처럼 자세하게 작성할 필요는 없습니다. 이미지 구성안은 의도한 방향대로 이미지 콘텐츠를 디자인할 수 있도록 가이드를 제시하는 문서입니다. 멋진 이미지를 만들기 위한 이미지 구성안 제작법은 다음과 같습니다.

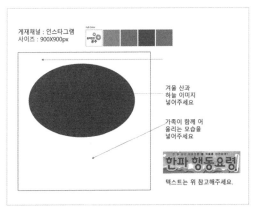

간단하게 정리한
이미지 구성안 사례

① 이미지와 텍스트 요소 배치하기

한 장의 이미지나 사진도 각 요소를 어떻게 배치해야 할지 설명하는 구성안 작성이 반드시 필요합니다. 사진을 촬영할 때 구성안이 없으면 현장에서 임의로 배치를 바꾸는 등 시간이 많이 걸릴 수밖에 없습니다. 구성안 작성은 콘텐츠의 정확도와 촬영 시간을 줄이는 데 효과적입니다. 일러스트도 콘텐츠 제작 의도에 맞춰 각 영역에 포함해야 할 요소를 정리하고 비슷한 의미를 전달해 줄 경우, 빠르고 정확하게 이미지 콘텐츠를 제작할 수 있습니다.

② 이미지 색상 정의하기

기업이나 브랜드, 공공 기관의 경우 자체 아이덴티티를 표현하는 색상이 있습니다. 또한 사용 가능한 색상과 피해야 할 색상에 대한 디자인 가이드를 마련하고 있습니다. 특히 기업에서는 경쟁사의 색상이 자사 콘텐츠에 반영되는 걸 지양하기 때문에, 이미지 콘텐츠 기획 전 이를 정확히 파악하고 규정을 살펴보는 것이 반드시 필요합니다. 콘텐츠 내용에 따라 배경, 텍스트, 요소 등의 색상을 미리 정의해주는 것도 좋습니다. 이렇게 색상을 정의하면 전체 콘텐츠를 통일성 있는 분위기로 만들어낼 수 있습니다.

작은 기업이나 소상공인이라면 운영하고 있는 기업과 가게의 분위기에 맞는 컬러를 정해놓고, 이 컬러와 어울리는 색상을 찾아서 활용하면 됩니다. 네이버나 구글 검색창에 '컬러차트'를 검색해보면 다양한 컬러를 매칭한 차트가 많이 나옵니다. 이 중 마음에 드는 컬러 차트를 정해서 이미지 제작 시 사용해보세요.

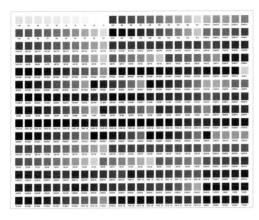

컬러 차트

③ 참고할 만한 시안 추가하기

이미지 구성안은 거의 텍스트로 정리하기 때문에 기획자의 정확한 의도와 기대를 디자이너가 명확하게 파악하기 힘듭니다. 이런 문제를 줄이는 가장 좋은 방법은 의도하는 방향에 맞는 시안 이미지를 찾아 함께 전달하는 것입니다. 구성, 색상은 물론 타이틀 배치와 글꼴 형태까지 최대한 자세히 전달하면 자신의 의도를 디자이너에게 좀 더 잘 제시할 수 있습니다. 구성안을 넘긴 후에는 디자이너와의 회의를 통해 제작 의도를 정확하게 전달하고, 그에 맞는 이미지를 함께 스케치해보는 것도 좋습니다.

3) 이미지 콘텐츠 직접 제작하기

디자이너 없이 직접 이미지 콘텐츠를 만들어야 한다면, 이미지 제작 서비스의 도움을 받아 좀 더 세련된 이미지 콘텐츠를 제작할 수 있습니다. 포토샵 기능을 알고 있다고 해서 좋은 이미지 콘텐츠를 제작할 수 있는 것은 아닙니다. 요즘 유행에 맞는 스타일과 서체 등을 어울리게 배치하고 싶다면, 전문 제작 서비스를 활용하는 것이 더 편리합니다.

대표적인 제작 서비스는 카드뉴스 제작 서비스로 시작해 현재 다양한 형태의 이미지와 동영상 제작 기능을 제공하는 '망고보드'와 '미리캔버스' 등이 있습니다. 아직 직접 제작해보지 않은 분들을 위해 망고보드로 이미지 콘텐츠 만드는 법을 소개합니다.

① 내용에 맞는 템플릿 선택하기

망고보드 로그인 후 '템플릿' 메뉴를 선택한 다음, 좌측의 '용도별' 메뉴에서 원하는 이미지의 용도를 고릅니다. 'SNS'를 선택하면 다양한 스타일의 카드뉴스 디자인 템플릿이 나옵니다. 물론 SNS가 아닌 다른 카테고리를 골라 목적에 맞는 이미지 콘텐츠를 제작할 수도 있습니다.

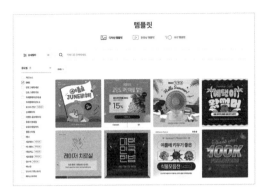

망고보드 카드뉴스
디자인 템플릿

② 템플릿 편집하기

템플릿을 선택한 후에는 '템플릿 편집하기'를 클릭합니다. 이렇게
하면 배경 사진이나 이미지를 교체하고, 텍스트를 수정하고, 위
치도 편하게 변경할 수 있습니다.

템플릿 편집

③ 수정할 부분 클릭해서 변경하기

이미지나 텍스트, 일러스트, 배경 등 다양한 디자인 요소를 클릭해서 자신이 원하는 것으로 변경합니다. 망고보드에서는 자체로 여러 아이콘과 장식 효과를 제공하기 때문에 디자인에 대해 잘 모르는 사람도 편하게 원하는 이미지를 만들어낼 수 있는 게 장점입니다. 자주 사용해보며 지원하는 요소를 파악해놓으면 빠르게 작업하는 데 도움이 됩니다.

디자인 수정

④ 이미지 제작 파일 내려받기

원하는 이미지를 만들었다면, 필요한 파일 형식을 정해 저장합니다. 망고보드에서는 상단의 '다운로드' 메뉴를 클릭하면 파일 형식이 나타나는데, 여기서 적절한 형식을 선택하면 됩니다. 편집한 이미지를 동영상 파일로도 저장할 수 있는데요, 만들어놓은 이미지의 요소들이 움직이며 역동적인 영상이 만들어집니다.

다운로드 탭

3. 비주얼 콘텐츠의 기본!
카드뉴스

온라인 콘텐츠 마케팅에서 텍스트 콘텐츠의 기본이 블로그 포스트 콘텐츠라면, 이미지 콘텐츠의 기본은 카드뉴스라고 할 수 있습니다. 카드뉴스는 여러 장의 이미지를 연결해 효과적으로 정보를 전달하는 콘텐츠입니다. 초기에는 사진과 간단한 텍스트로 구성됐는데, 점점 발전해 요즘에는 다양한 요소를 결합한 카드뉴스가 만들어지고 있습니다.

카드뉴스는 한눈에 정보를 파악할 수 있게끔 만들어야 합니다. 정보를 어떻게 담느냐에 따라 텍스트 중심의 카드뉴스와 비주얼 중심의 카드뉴스로 구분할 수 있습니다. 상세한 정보 전달이 목적이라면 텍스트를 중심에 놓고 이미지나 사진은 그 효과를 높여주는 부가적인 요소로 사용합니다. 텍스트는 가독성을 고려해 배치해야 합니다. 제목, 중간 제목, 강조라인 등을 활용해 전달하고자 하는 정보가 잘 보이게끔 만들어주세요.

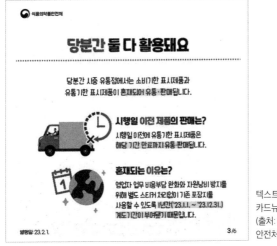

텍스트 중심의 카드뉴스 본문 사례 (출처: 식품의약품 안전처)

이미지 중심으로 정보를 전달하는 카드뉴스는 레이아웃 중앙에 이미지를 놓고, 텍스트를 부가적으로 배치합니다. 텍스트가 이미지를 너무 가리지 않도록 해야 하며, 사진보다 텍스트에 시선이 가지 않게끔 디자인합니다. 이런 카드뉴스는 멋진 비주얼을 강조하고 싶을 경우 필요합니다. 여행이나 요리, 인테리어 관련 정보를 전달하는 카드뉴스에 많이 활용됩니다.

이미지 중심의
카드뉴스 본문 사례
(출처: 대한민국
구석구석)

1) 카드뉴스 제작 전 체크 사항

카드뉴스의 핵심은 정보 전달입니다. 혹여 이용자의 시선을 사로
잡기 위해 디자인 요소가 과도하거나 반대로 텍스트로만 가득 채
우면 오히려 정보 전달 효과가 떨어집니다. 기획부터 완성까지 구
성과 디자인을 항상 체크해야 합니다.

① 가독성 떨어지는 글꼴 사용 금지

가독성이 떨어지는 글꼴 사용은 지양하는 것이 좋습니다. 자음
과 모음이 꼬불꼬불하게 말려 있거나 하트·별 같은 장식으로 만

든 글꼴은 언뜻 보기엔 예쁘지만, 정보를 읽을 때는 눈에 잘 들어오지 않습니다. 사람들이 고딕과 명조 계열의 글꼴을 주로 사용하는 것도 누구나 쉽게 정보를 읽게 만들기 위해서입니다. 카드뉴스의 본문은 깔끔하고 가독성 좋은 고딕 계열의 글꼴 사용을 추천합니다.

② 알록달록 강한 색상 남용 금지

카드뉴스에서 너무 과한 색상 사용은 오히려 시선을 분산시키며 정보 전달력을 떨어뜨리기 때문에 피해야 합니다. 레트로가 유행이라고 이런저런 색을 마구 사용하면 세련되기보다 오히려 촌스러워질 수 있습니다. 컬러는 2~3가지 정도로 한정하고, 그 안에서 최대한 핵심 부분을 강조하는 방향으로 디자인하는 것이 좋습니다. 한 가지 컬러를 사용할 때는 비슷한 계열의 2~3가지 톤을 골라서 활용하는 것도 좋은 방법입니다.

③ 글자를 빼곡하게 채우는 것 금지

전달하고 싶은 정보의 양이 많으면 카드뉴스 본문이 글로 가득차게 됩니다. 하지만 카드뉴스는 대부분 모바일에서 읽고, 정보가 너무 많으면 오히려 어떤 이야기를 하려는지 잘 안 보입니다. 글이 많더라도 여백과 강조 부분을 명확히 해서 가독성과 집중도를 높이는 것이 필요합니다.

④ 긴 문장 금지

온라인 콘텐츠 마케팅은 원 소스 멀티유즈 전략을 잘 활용해야 합니다. 운영하는 SNS가 여럿이면, 각 SNS에 맞게 콘텐츠를 변경해야 하기 때문입니다. 보통 블로그 콘텐츠를 바탕으로 카드뉴스를 제작하는 경우가 많습니다. 이때 블로그의 문장을 그대로 가져오면 문장이 길어지고, 정보 전달 효과가 떨어집니다. 블로그 글과 카드뉴스 글은 서로 다른 스타일로 만들어야 합니다. 카드뉴스 문장은 작은 면적의 이미지에서 바로 읽힐 수 있게 짧고 간결해야 합니다.

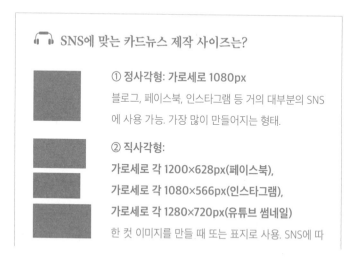

🎧 SNS에 맞는 카드뉴스 제작 사이즈는?

① 정사각형: 가로세로 1080px
블로그, 페이스북, 인스타그램 등 거의 대부분의 SNS에 사용 가능. 가장 많이 만들어지는 형태.

② 직사각형:
가로세로 각 1200×628px(페이스북),
가로세로 각 1080×566px(인스타그램),
가로세로 각 1280×720px(유튜브 썸네일)
한 컷 이미지를 만들 때 또는 표지로 사용. SNS에 따라 권장 사이즈가 조금씩 다름.

③ **직사각형: 가로세로 각 1080×1350px(페이스북, 인스타그램)**

표지 또는 많은 내용을 담고 싶을 때 사용.

2) 카드뉴스 내용 구성하기

카드뉴스는 크게 표지, 본문, 맺음으로 구성됩니다. 우선 표지는 사람들의 시선을 사로잡을 수 있도록 함축적이면서도 임팩트 있는 이미지를 사용하고 제목이 눈에 잘 들어오게끔 구성해야 합니다. 본문에는 장표마다 정보를 정확하게 알려주는 핵심 키워드와 설명 텍스트를 깔끔하게 배치합니다. 많은 카드뉴스가 리스트 형태로 만들어지기 때문에 본문 장표마다 중간 제목을 넣어주는 것도 좋습니다. 맺음에서는 앞서 설명한 내용을 다시 한번 요약하거나 본문과 직접적인 연관은 없지만 알아두면 좋을 정보를 추가적으로 전달합니다. 표지보다는 정보의 양이 많을 수 있으나, 본문보다는 텍스트를 줄이는 것이 좋습니다.

　카드뉴스를 한눈에 보이게 하려면 SNS별로 구성 장표를 파악해야 합니다. 페이스북은 한 화면에 정사각형의 카드뉴스 4장을 한 번에 보여줍니다. 그러므로 4장 이상의 카드뉴스를 기획해서 올리는 것이 좋습니다.

인스타그램은 한 번에 10개의 이미지를 올릴 수 있으므로 이에 맞춰 카드뉴스를 기획하고 제작하면 됩니다. 요즘은 홈피드를 구성하는 한 줄 화면이 3개로 나뉘어 있어 이에 맞춰 구성하는 경우도 있습니다.

위. 카드뉴스 표지/본문/맺음 영역별 구성 사례 (출처: 비상교육 맘앤톡)
아래. 카드뉴스 한 줄 구성 사례 (출처: 민주인권기념관)

위에서 제시한 형식에 맞춰 카드뉴스를 구성하는 방법은 다음과 같습니다.

① 글 정리하기

이미지를 제작하기에 앞서 카드뉴스에 들어갈 글을 먼저 만듭니다. 우선 주제에 맞는 정보를 찾아서 1차 자료를 구성합니다. 그런 다음 모은 정보를 토대로 각 장표에 들어갈 글을 정리합니다. 이 단계에서는 정보 취합 후 제목 만들기, 문장 다듬기, 장표에 들어갈 핵심 내용 정리하기 과정을 거칩니다.

② 글 배치하기

파워포인트에 카드뉴스 장표만큼 정사각형 프레임을 만든 후, 작성해둔 글을 장표별로 배치합니다. 글이 잘 읽히도록 최대한 가독성을 높여 정리합니다.

③ 디자인 정의하기

각 장표에 들어갈 이미지 디자인 구성안을 만듭니다. 내용마다 어울리는 디자인 요소를 직접 넣어 기획자의 의도를 최대한 반영하도록 합니다. 이 기획안을 바탕으로 어떻게 제작, 수정, 편집하면 좋을지 제시합니다. 중심적으로 사용할 컬러와 로고 위치 등의 내용도 함께 적어줍니다.

④ 레퍼런스 찾기

콘텐츠 기획자는 디자이너가 아니기 때문에 텍스트와 디자인 요소의 배치만으로 정확한 기획 방향을 전달하기 어려운 경우가 많습니다. 이때는 비슷한 브랜드나 제품, 정보를 다룬 카드뉴스를 찾아 참고할 수 있도록 합니다. 특히 어느 부분을 참고해야 할지 구체적으로 제시합니다.

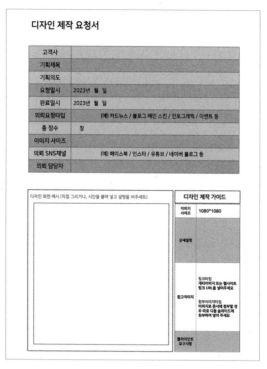

디자인 제작 요청서 샘플

4. 비주얼 스토리텔링의 매력!
웹툰+인스타툰

웹툰은 캐릭터가 등장해 일상생활에서 있을 법한 상황을 연출하고, 그 과정에서 핵심 정보를 전달하는 비주얼 콘텐츠입니다. 소설보다 만화가 상대적으로 쉽게 읽히다 보니 정보 전달 콘텐츠로 웹툰이나 인스타툰을 활용하는 사례가 늘고 있습니다.

특히 마케팅 콘텐츠로 인스타툰을 활용하는 경우가 많은데요, 컷을 넘기며 보는 느낌이 만화책과 비슷해 재미있게 정보를 담을 수 있기 때문입니다. 앞 장과 반전되는 내용을 넣기도 하고, 이야기 끝에 정보성 카드뉴스를 추가해 정보를 확장하기도 편합니다.

인스타툰은 기업 내부에서 직접 만들거나 유명 인스타툰

인스타툰 사례
(출처: 금융위원회)

작가와의 협업을 통해 만들 수도 있습니다. 협업 시에는 인스타툰 제작 이유와 기획 방향을 꼼꼼하게 세운 후 진행 여부를 결정하는 것이 좋습니다. 유명한 작가일수록 제작 의뢰 비용이 높으므로 제대로 된 기획과 예상 효과에 대한 분석이 부족하면 의미 없는 돈만 지출할 위험이 있습니다.

웹툰 마케팅은 잘나가는 웹툰의 에피소드에 기업이나 제품의 이야기를 삽입하는 경우와 웹툰 작가를 섭외해 자체 운영하는 SNS에 웹툰을 올리는 경우로 나뉩니다. 요즘은 인플루언서를 통해 콘텐츠를 제작하는 것처럼, 웹툰 또한 인기 작품과 콜라보를 하거나 웹툰의 내용에 기업 이야기를 자연스럽게 녹이는 식의 협업을 많이 진행합니다.

웹툰과 인스타툰의 공통점 및 차이점

구분	웹툰	인스타툰
공통점	1. 캐릭터가 등장해 스토리를 시각적으로 표현한다. 2. 하나의 소재에 스토리를 입혀 구성한다. 3. 일상생활과 밀접한 소재와 연계해 정보를 전달한다. 4. 전문 작가와의 협업을 통해 진행하는 경우가 많다.	
차이점	1. 콘텐츠가 담고 있는 정보의 양이 많다. 2. 대부분 세로 형태의 긴 지면에 영역을 나누어 구성하는 경우가 많다. 3. 일상생활 소재와 연계해 정보를 전달한다.	1. 정보의 양이 매우 적고 단순하다. 2. 한 컷을 한 장에 담아 여러 장으로 구성하는 경우가 많다. 3. 독창적인 소재와 연계해 정보를 전달한다. 4. 유명 인스타툰 작가와의 콜라보를 통해 확산을 유도하기도 한다.

1) 웹툰(인스타툰) 제작하기

웹툰은 친근함을 강조하는 콘텐츠이기 때문에 타깃 이용자들이 선호하는 트렌드를 정확히 파악한 후 작가를 섭외하는 것이 좋습니다.

웹툰은 작가가 일일이 손으로 그림을 그리므로 수정하기 어렵고 시간도 오래 걸립니다. 사전에 제작 내용을 제대로 협의하지 않으면 마무리 단계에서 변경 사항이 발생해 제작 기간이 배로 늘어날 수 있습니다. 기획 의도가 제대로 전달되지 않아 자칫 해당 컷을 처음부터 다시 그려야 하는 일도 종종 생깁니다. 이런 상황이 자주 일어나다 보니 어떤 작가들은 작업 전에 수정 횟수를 제한하는 조건을 제시하기도 합니다. 그리고 대부분 수정 횟수와 정도에 따라 추가 금액을 명시합니다. 복잡한 수정 사항이 생기지 않도록 기획 단계부터 작가와 충분한 협의가 필요합니다.

① 소재 정리하기

웹툰은 스토리로 메시지를 전달하는 매체이기 때문에 전후 상황 설명이 큰 부분을 차지합니다. 그래서 너무 많은 정보를 담기보다는 핵심을 간추려 잘 읽힐 수 있도록 구성하는 게 좋습니다. 더불어 해당 정보가 필요한 상황, 에피소드 등 이야기로 풀어갈 때 필요한 내용도 함께 정리합니다. 웹툰의 장점은 이야기를 통해 자연스럽게 몰입되기 때문에 정보를 더 빠르게 전달할 수 있다는 것입니다.

② 작가 선정하기

웹툰 및 인스타툰 작가를 선정할 때는 개별적으로 작가를 검색해 찾을 수도 있고, 작가군을 확보하고 있는 매니지먼트업체를 통해 찾을 수도 있습니다. 후자의 경우 제작 포트폴리오를 확인하고 맞는 그림체를 고르면 작가를 매칭해줍니다.

인스타툰의 경우 작가와 협업으로 생산한 콘텐츠를 작가 자신의 계정에 동시에 게재해 확산 효과를 꾀할 수도 있습니다. 콘텐츠 제작 후 확산까지 고려할 때 작가가 얼마나 영향력을 가지고 있는지 파악해 선정하는 것이 중요합니다.

③ 스토리 정리하기

웹툰 의뢰 시에는 기획 의도에 맞는 스토리를 정리해야 콘텐츠의 방향이 흔들리지 않고 제작 시간도 줄일 수 있습니다. 생각하고 있는 이야기를 몇 줄이라도 글로 작성해 전달합니다. 이때 꼭 지켜줘야 할 핵심 내용을 반드시 표시해야 작가가 이를 놓치지 않고 반영할 수 있습니다.

④ 콘티 확인하기

간단한 스토리를 전달받으면 작가는 이를 기반으로 전체 구성 콘티를 만드는데, 웹툰의 배경과 시작, 상황, 핵심 정보 등을 정리한 이러한 콘티를 우선 확인합니다. 가능하다면 이 단계에서 내용과 방향을 최종 확정하고 이후 단계로 넘어가는 것이 좋습니다. 내용에 대한 조율도 이 단계에서 진행합니다.

⑤ 스케치 확인하기

콘티를 최종 확정하면 작가는 컷별로 러프하게 스케치한 작업물을 보내옵니다. 인물의 스타일이나 내용의 강약 등을 이 스케치 단계에서 확인합니다. 채색을 진행한 이후에는 수정하기 어렵기 때문에 이때 기획에 맞는 좀 더 세밀한 수정을 요청합니다.

⑥ 채색 결과 확인하기

작업물을 전달받으면 전체 배경 색상이나 등장인물의 채색, 말풍선의 텍스트 등을 최종 정리 및 수정합니다. 최종 완성 단계이기 때문에 이야기의 전개를 바꾼다거나 무리한 장면 변화 등을 요구하는 것은 좋지 않습니다. 새로운 작업에 버금가는 변경을 요구할 경우, 그만큼의 비용이 추가됩니다.

5. 정보를 종합해서 한눈에! 인포그래픽

인포그래픽은 인포메이션 그래픽(Information graphic)의 줄임말로, 정보를 전달하는 이미지를 말합니다. 한눈에 전체 정보를 파악할 수 있게끔 만드는 이미지 콘텐츠라는 특징을 갖고 있습니다.

인포그래픽은 처음 보는 사람도 핵심 정보를 쉽게 파악하도록 하는 데 그 목적이 있는데요, 이미지·카드뉴스 콘텐츠와의 가장 큰 차이점은 데이터의 양입니다. 인포그래픽 자체가 많은 데이터를 시각적 요소를 활용해 효과적으로 전달하는 것인 만큼, 인포그래픽이 담고 있는 정보의 양은 매우 많습니다. 따라서 최대한 이해하기 쉬운 그래픽을 사용하고, 정보 전달이 명확하게 이루어지도록 구성해야 합니다.

1) 인포그래픽의 종류

① 나열형 인포그래픽

나열형 인포그래픽은 작성된 목록을 활용해 메시지를 전달하는 정보형 그래픽을 의미합니다. 여러 개의 항목을 나열해 전달할 때 유용합니다.

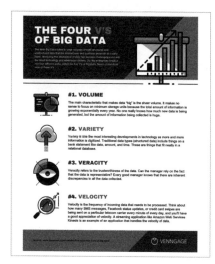

나열형 인포그래픽 사례
(출처: venngage.com)

② 통계형 인포그래픽

각종 데이터를 원그래프, 막대그래프 등을 이용해 시각적으로 구현한 인포그래픽입니다. 주로 수치 정보를 전달할 때 많이 쓰이는데, 설문 조사 결과나 연구 내용에 활용됩니다.

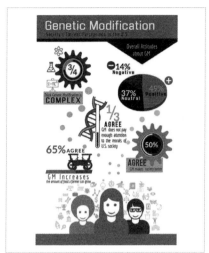

통계형 인포그래픽 사례
(출처: www.researchgate.net)

③ 타임라인 인포그래픽

이벤트나 사건을 시간순으로 표시하는 인포그래픽입니다. 사람
또는 사물의 역사적 발전이나 트렌드 변화가 시간의 흐름에 따라
어떻게 변화했는지를 보여줄 때 활용합니다.

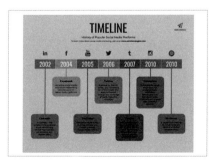

타임라인 인포그래픽 사례
(출처: venngage.com)

④ 사용법(How-to) 인포그래픽

절차를 시각화해 이해도를 높이는 데 목적을 둔 인포그래픽입니다. 문제 해결 방법 혹은 과제 수행 방법 등을 안내할 때, 또는 기술적이고 복잡한 과정, 자세한 지침이나 팁을 설명할 때 활용합니다.

사용법 인포그래픽 사례
(출처: blog.photoadking.com)

2) 인포그래픽 만들기

① 데이터 정리하기

인포그래픽에서 가장 중요한 부분은 데이터를 정리하는 것입니다. 한정된 지면 내에서 정보를 전달해야 하기 때문에 꼭 필요한 정보를 선택하고 이를 돋보이게 하는 방법을 정리해야 합니다.

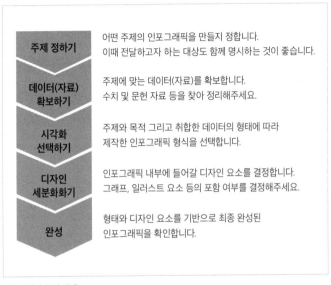

주제 정하기 | 어떤 주제의 인포그래픽을 만들지 정합니다.
이때 전달하고자 하는 대상도 함께 명시하는 것이 좋습니다.

데이터(자료) 확보하기 | 주제에 맞는 데이터(자료)를 확보합니다.
수치 및 문헌 자료 등을 찾아 정리해주세요.

시각화 선택하기 | 주제와 목적 그리고 취합한 데이터의 형태에 따라
제작한 인포그래픽 형식을 선택합니다.

디자인 세분화하기 | 인포그래픽 내부에 들어갈 디자인 요소를 결정합니다.
그래프, 일러스트 요소 등의 포함 여부를 결정해주세요.

완성 | 형태와 디자인 요소를 기반으로 최종 완성된
인포그래픽을 확인합니다.

인포그래픽 구성 단계

② 표현 방법 선택하기

콘텐츠의 목적, 대상, 데이터 종류에 따라 나열형, 통계형, 타임라인, 사용법 등 적합한 인포그래픽을 선정합니다. 이후 선택한 방법에 따라 영역별로 들어가야 하는 정보와 각 정보의 타이틀, 부연 텍스트를 추가해 전체 인포그래픽 구성안을 정리합니다.

가로형 인포그래픽 사례
(출처: KDI)

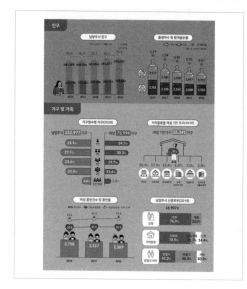

세로형 인포그래픽 사례
(출처: 통계청)

③ 디자인하기

인포그래픽의 완성도는 디자인에 달렸다고 해도 과언이 아닙니
다. 그렇다 보니 많은 기업에서 디자인 전문가와 함께 인포그래

픽을 제작합니다. 하지만 소상공인이나 작은 기업에서는 데이터를 모으고 정기적으로 인포그래픽을 제작하는 것이 쉽지 않죠. 이 책에서는 일반인도 쉽게 만들 수 있는 이미지 제작 도구로 '망고보드'를 소개했는데요, 이 망고보드를 활용해 인포그래픽을 만들 수 있습니다.

최근에는 인포그래픽 제작이 감소하는 추세입니다. 모바일 화면에서 한 번에 수용 가능한 정보의 양이 적다 보니, 인포그래픽은 모바일 형식에 맞지 않은 콘텐츠라는 생각이 늘어났기 때문입니다. 따라서 콘텐츠가 모바일 이용자를 주 대상으로 한다면 인포그래픽도 그에 맞춰 간소한 구성과 디자인으로 제작할 것을 추천합니다.

혹은 모바일용으로 인포그래픽을 변형한 인터랙티브 콘텐츠(Interactive contents)를 제작하기도 합니다. 인터랙티브 콘텐츠는 정적인 인포그래픽의 요소에 이용자의 '액션'에 따라 움직임을 추가해 정보를 제공합니다. 이는 데이터와 사실을 기반으로 깊이 있는 정보를 전달하는 뉴스 사이트에서 효과를 높이기 위해 종종 활용하는 형식입니다. 특히 심층 취재를 바탕으로 인터랙티브 콘텐츠를 만드는 경우가 많습니다.

6. 간단한 액션으로 생동감 있게!
움직이는 이미지 GIF 콘텐츠

GIF는 특성상 여러 장의 이미지를 하나의 파일에 담을 수 있는데, 이를 Animated GIF라고 합니다. GIF 콘텐츠는 이미지에서 발전한 형태로, 짧은 움직임이 반영된 이미지 콘텐츠입니다. 드라마나 영화의 한 장면을 캡처한 후 반복해서 보여주는 '움짤'이 대표적이죠.

GIF 이미지는 짧지만 지속적으로 움직이는 효과를 통해 이용자의 시선을 끌어 모읍니다. 짧은 시간 안에 시선을 사로잡는 움직임과 정보를 담아야 하므로 기발한 아이디어로 만든 것이 많습니다. GIF 이미지는 블로그, 페이스북, 인스타그램, 엑스, 유튜브 커뮤니티 등 다양한 SNS에서 활용 가능합니다.

단, GIF에 너무 많은 액션을 넣으면 파일 용량이 커지고, 이를 게재하면 로딩 시간이 길어져 이용자들이 움직이는 모습을 보기 전에 다른 콘텐츠로 넘어갈 수 있습니다. 따라서 한 개의 GIF 이미지에는 한 가지 정보와 그에 적합한 짧은 액션을 추천합니다.

홈페이지 배너나 팝업 중에는 반짝이는 GIF 액션으로 눈길을 사로잡는 콘텐츠가 아직도 많습니다.

1) EZGIF 사이트 활용하기

EZGIF 사이트(https://ezgif.com/maker)의 가장 큰 특징은 이미지만 갖고 있으면 몇 번의 조작으로 누구나 손쉽게 GIF 이미지를 만들 수 있다는 것입니다. SNS 콘텐츠를 돋보이게 제작하고 싶다면, GIF 이미지를 만들어 추가해보세요. 사용 방법은 다음과 같습니다.

① 업로드용 이미지 제작하기

GIF는 여러 장의 이미지를 모아서 하나의 움직이는 이미지로 구성합니다. 따라서 자신이 원하는 액션에 맞는 각각의 이미지를 우선 제작해야 합니다. 이미지 구성안은 앞서 설명한 한 컷 이미지 구성안과 똑같이 작성하면 됩니다.

② EZGIF 사이트에 순서대로 업로드하기

제작한 이미지를 사이트에 업로드합니다. 이후 편집 과정에서 순서 변경도 가능합니다. 파일을 선택 후, 하단의 'Upload and Make a GIF!' 버튼을 클릭합니다.

EZGIF 사이트의 GIF Maker 화면

③ 상세 설정을 통해 필요한 액션 정의하기

여기서 반드시 알아야 할 것은 'Delay' 기능인데, 각 이미지가 몇 초간 보이고 다음 이미지로 전환될지를 설정하는 작업을 합니다. 100분의 1초 단위로 설정할 수 있고, 이를 고려해 수치를 입력합니다.

　　텍스트가 들어간 GIF는 너무 빠르게 전환되면 읽을 시간이 부족하고, 너무 느리면 다음 정보를 읽기 전에 다른 콘텐츠로 넘어갈 수 있습니다. 따라서 적정한 전환을 확인하며 시간을 조정해야 합니다. 'Loop count' 기능은 준비한 이미지가 마지막 장까지 도달했을 때 다시 앞 장으로 돌아가 액션을 반복할 것인지, 아니면 마지막 장에서 멈출 것인지를 설정하는 작업을 합니다.

이미지 전환 및
반복 기능

④ GIF 완성하기

'Make a GIF!' 버튼을 클릭하면 화면 하단에서 GIF 이미지 샘

편집용 도구 모음 이미지

플을 확인할 수 있고, 이 샘플을 보며 다시 한번 상세한 편집이 가능합니다.

작업 완료 후에는 다운받아 사용하면 됩니다. 참고로 이 사이트에서는 동영상도 움직이는 GIF로 변환 가능하지만, 100Mb 이하 영상만 업로드할 수 있습니다.

7. 찍어라! 그러면 볼 것이다!
영상 콘텐츠

유튜브는 누구나 쉽게 영상을 만들고 자신의 채널에 업로드해 소통할 수 있게끔 만들어주었습니다. 자신만의 아이템으로 영상을 제작하고 채널을 운영하는 유튜브 크리에이터들은 이제 연예인급으로 인기를 얻고 있죠. 확실히 영상 콘텐츠가 대세입니다.

2023년 6월 기준 국내 유튜브
채널 구독자 순위
(출처: 녹스 인플루언서)

초기에는 영상 콘텐츠 한 편의 길이가 수십 분에 달했지만 점점 시간이 줄어들어 현재는 1분 내외의 '숏폼' 영상이 인기를 끄는 중입니다. 유튜브가 영상 콘텐츠의 대중화를 이끌었다면, 틱톡은 1분 미만의 숏폼 콘텐츠를 트렌드로 만들었죠.

틱톡의 숏폼 영상이 성공하자 유튜브와 인스타그램, 페이스북 등 기존 SNS에서도 서둘러 숏폼 서비스를 출시했습니다. 숏폼의 영향력은 다른 유형의 콘텐츠에도 영향을 미치고 있습니다. 짧은 재생 시간에 익숙해진 이용자들의 성향에 맞춰 노래, 드라마 등의 길이도 더불어 짧아지는 추세죠.

숏폼 플랫폼 비교

	틱톡	쇼츠	릴스
플랫폼	틱톡	유튜브	인스타그램
국내 서비스 시작일	2017년 11월	2021년 8월	2021년 2월
국내 MAU(2022.11)	643만 명	3985만 명	2112만 명
영상 길이	최대 10분	최대 60초	최대 90초
특징	챌린지 문화를 확산한 대표적인 숏폼 미디어	유튜브를 기반으로 한 폭넓은 유저층	숍 연동 기능으로 구매 전환에 유리

이미 많은 이용자들이 검색 포털 사이트 대신 유튜브를 통해 정보를 검색하고 있습니다. 심지어 유튜브의 정보를 더 신뢰하는 사람이 많아졌습니다. 유튜브 영상을 제작해 마케팅을 진행하는 게 필수 사항이 되었죠.

수많은 기업과 기관에서 하루에도 수십 수백 편의 영상 콘텐츠를 쏟아내고 있습니다. 영상 콘텐츠를 중심으로 한 커뮤니케이션이 대중화하고 있다는 의미입니다. 이 장에서는 내용과 형식에 따른 영상 콘텐츠 유형을 살펴보고, 영상 콘텐츠를 직접 구성하는 법을 배워봅니다.

1) 내용에 따른 영상 콘텐츠 유형 살펴보기

영상 콘텐츠를 제작할 때는 한 가지 형식을 계속 고집하기보다 주제에 맞춰 다양한 도전을 해보는 것이 좋습니다. 간혹 큰 의미 없이 제작한 콘텐츠가 알고리즘을 타고 많은 관심을 받는 경우가 있는데, 그렇다고 해서 이와 동일한 형식의 콘텐츠를 계속 만들게 되면 오히려 이용자들이 빠르게 싫증을 느낄 수 있습니다. 다양한 형식의 영상을 제작해 이용자들에게 새로움을 전달하려는 노력과 아이디어가 필요합니다.

① 리스티클형 영상

리스티클은 리스트와 아티클의 합성어로, 특정 주제의 정보에 번호를 붙여 나열하는 방식을 말합니다. 리스티클 영상의 목적은 짧은 시간에 핵심 정보를 전달하는 데 있습니다. 다만, 이미 많은 콘텐츠에서 활용하는 방식이라 영상으로 이용자의 피드백을 이끌어내려면 각 리스트마다 독특한 정보를 더해 넣는 것이 필요합니다. 예컨대 같은 여행지 소개라도 다른 정보에서는 찾을 수 없는 내용을 담는 것이 좋습니다.

영상QR코드

리스티클형 영상 사례
(출처: [빵이네]캠핑&여행TV)

② 큐레이션형 영상

다른 사람이 만들어놓은 콘텐츠를 목적에 따라 분류하고 배포하는 영상입니다. 대표적으로, 최근 들어 증가하고 있는 요약 영상이 이에 속합니다. 요약 영상은 드라마나 영화같이 긴 러닝타

임의 영상을 30분 미만으로 짧게 축약해 정보를 전달합니다. 과거에는 저작권 이슈로 이런 영상이 줄어들었으나, 영상 제작사가 홍보 목적으로 활용을 허락하는 사례가 늘어나면서 다시 증가하고 있습니다. 방송국에서 여러 유튜브 채널을 만들어 다양한 주제로 영상을 엮어내는 경우도 많습니다.

영상QR코드

큐레이션형 영상 사례
(출처: SBS NOW
SBS 공식 채널)

③ Q&A형 영상

예상되는 질문을 선정해 묻고 답하는 형태의 영상입니다. 대부분 사전에 질문 이벤트나 공지를 통해 답변을 수집하고, 이를 취합·선별해 영상으로 편집합니다. 질문과 답변을 현장감 있는 영상으로 만들면 제품 신뢰도를 높이는 좋은 기회가 되므로 브랜드 채널에서 자주 활용합니다. 연예인 패널이 이런 형태의 라이브 방송을 진행해 소통의 의미를 높이기도 합니다.

영상QR코드

Q&A형 영상 사례
(출처: 조승연의
탐구생활)

④ 리뷰형 영상

제품이나 서비스의 사용 후기를 영상으로 만든 콘텐츠입니다. 유튜브가 정보 검색 채널로 자리매김하면서 리뷰 영상에 대한 관심이 매우 높아졌습니다. 전자제품을 비롯한 생활용품과 서비스 이용 후기 등 다양한 리뷰 콘텐츠가 존재합니다. 브랜드 협찬을 받아 기사를 제공하던 기성 매체와 달리, 유튜브의 경우 유튜버 개인이 직접 구입한 제품을 솔직하게 리뷰하기 때문에 높은 신뢰를

영상QR코드

리뷰형 영상 사례
(출처: 김한용의
MOCAR)

얻고 있는 것이 특징입니다.

⑤ 교육형(정보 전달형) 영상

이용자가 미처 알지 못한 정보를 제공해 문제 해결을 돕는 영상입니다. 최근에는 숏폼 트렌드와 결합해 '1분미만'이라는 채널의 영상 콘텐츠가 많은 관심을 받고 있는데요, 사람들이 궁금해하는 활용법이나 생활 팁을 빠르게 편집해 전달하는 것이 특징인 유튜브 채널입니다. 광고를 하지 않음에도 매우 높은 조회 수를 기록하고 있습니다. 설명서를 아무리 읽어도 모를 때, 이 영상을 통해 간단히 이해할 수 있는 것이 장점이죠. 정보 전달형 영상은 이렇게 사람들의 궁금증을 해결해주는 내용으로 만드는 것이 좋습니다.

영상QR코드

정보 전달형 영상
사례
(출처: 1분미만)

2) 형식에 따른 영상 콘텐츠 유형 살펴보기

모든 콘텐츠는 아이디어 싸움입니다. 카드뉴스나 한 컷 이미지에서는 디자인이 아이디어를 반영한다면, 영상은 형식과 그 안에 들어가는 디자인 요소가 아이디어를 반영합니다. 형식은 전체 영상의 구조를 좌우하므로 영상의 타깃이 누구냐에 따라, 그리고 어떤 내용을 담느냐에 따라 신중하게 결정해야 합니다.

① 모션그래픽형 영상

텍스트나 그래픽 요소를 이용해 짧고 강력하게 정보를 전달하는 영상입니다. 이 영상의 가장 큰 목적은 현란한 모션그래픽을 통해 이용자의 시선을 사로잡는 데 있습니다. 처음에는 영화 인트로나 광고에서 주로 활용했으나, 점차 범위가 확장되어 박람회나 전시장의 인트로 영상, 웹페이지의 초기 영상뿐만 아니라 유튜브 등의 SNS에서도 관심 유도와 핵심적인 정보 전달을 목적으로 활용하고 있습니다.

　　모션그래픽은 기본적으로 화려한 효과를 수반합니다. 그래서 초반에는 강렬한 인상을 주지만 영상이 길어지면 그 효과가 빠르게 감소하는 단점이 있습니다. 따라서 모션그래픽을 제작할 때는 적절한 러닝타임을 유지하는 게 중요합니다. 1분 내외의 길이로 빠르게 장면 변화를 주는 것이 좋습니다. 피치 못하게 러닝

타임이 길어질 경우에는 스토리를 입힌 모션그래픽 영상으로 내
용에 좀 더 몰입감을 더해주도록 하세요.

영상QR코드

모션그래픽형 영상
사례
(출처: 정책브리핑)

영상QR코드

모션그래픽형 영상
사례
(출처: 국민권익위원회)

② 인터뷰형 영상

전문가, 셀럽 등이 출연해 이용자의 궁금증을 해결해주는 영상입
니다. 정확한 정보를 가장 명확하고 손쉽게 전달하는 영상 포맷
이기 때문에 일반적으로 활용되고 있습니다. 전문가 한 명이 출

177

연해 정보를 전달하는 영상이 대부분이지만, 여러 전문가가 등장해 토론식으로 의견을 제시하는 영상도 많습니다.

인터뷰형 영상의 가장 큰 목적은 정확한 정보 전달입니다. 따라서 과도한 영상 효과를 넣으면 오히려 신뢰도를 낮출 수 있으니 주의해야 합니다.

영상QR코드

인터뷰형 영상 사례
(출처: 정책브리핑)

③ 현장 취재형 영상

행사, 전시 등의 현장을 촬영한 후 핵심 내용만 편집한 영상입니다. 대부분 자사 행사 소개가 주를 이루기 때문에 자칫하면 관련자들만 이해할 수 있는 영상이 될 소지가 있습니다. 이용자의 관심을 끌 만한 소재를 중심으로 영상을 구성하는 것이 좋습니다.

영상QR코드

현장 취재형 영상
사례 (출처: 국방TV)

④ 테스티모니얼형 영상

연출된 상황이 아닌 본인이 직접 경험한 것을 진솔하게 증언하는 영상입니다. 실제 이용자가 등장해 솔직한 리뷰를 중심으로 영상을 구성하는데, 소비자에게 객관적인 정보를 전달함과 동시에 이를 기반으로 제품 구매 또는 서비스 이용을 독려할 수 있습니다.

영상QR코드

테스티모니얼형 영상
사례 (출처: 쏘카)

지금까지 여러 가지 형식 측면에서 영상을 나누어보았습니다. 내용에 맞춰 여러 형식을 믹스해 새로운 형식의 영상을 만들어보세요. 우리 기업의 정보를 잘 전달할 수 있는 영상 형식은 무엇인지 다양한 테스트를 통해 확인해보는 과정도 반드시 필요합니다.

3) 영상 콘텐츠 기획하기

① 영상의 제작 목적과 방향 정하기

정보의 종류, 타깃, 게재 채널의 성향에 따라 영상의 형태와 구성이 달라집니다. 특히 왜 영상을 제작하는지, 즉 영상의 제작 목적을 명확히 해야 이후 촬영 및 편집 과정에서 흔들림 없이 작업할 수 있습니다.

② 영상 제작 기획안 쓰기

영상을 왜 제작하는지, 어떠한 구성과 내용을 담고자 하는지 등을 간단히 정리합니다. 영상 제작 주체인 회사나 단체의 이름을 적은 후, 비슷한 레퍼런스의 링크와 콘셉트, 활용 범위 등을 기입합니다. 반드시 필요한 항목은 다음과 같습니다.

영상 제작 기획안 샘플

참고 사항	
회사 또는 단체명 (의미)	ex) 비디오콘은 VIDEO와 CONTEST의 합성어입니다.
서비스 설명	
업종	
참고 영상 URL	
콘셉트	
영상 활용 범위	ex) 페이스북, 인스타, 유튜브
영상 사양	ex) 1920×1080(Full HD) or 정사각형 비율(인스타그램 최적화) or 세로 비율(모바일 최적화)
타깃	ex) 저희는 기업과 영상 제작자 양쪽에 서비스하는 플랫폼입니다.
간략한 기획 내용	
영상 길이	ex) 1분 내외, 1~3분
영상 유형 및 제작 범위	ex) 기획, 촬영, 편집, 모션그래픽, 인포그래픽, 성우, 효과음 추가, 드론 촬영 등
제작 예산	_____ 원

- 참고 영상 URL: 제작에 참고할 수 있는 영상의 URL을 입력합니다.
- 콘셉트: 어떤 목적으로 영상을 제작하며, 무슨 내용을 담고자 하는지를 정리합니다.
- 영상 활용 범위: 자사 유튜브 채널 게재, 구글의 광고 활용 등을 적습니다. 게재하고자 하는 채널이 어떤 성향을 가지고 있는지 적는 것도 좋습니다.
- 영상 사양: 영상의 규격, 해상도, 포맷 등 제작 스펙을 정리합니다. 원본 촬영 후 숏폼으로 재편집이 필요할 경우 이 부분도 함께 적어야 본 촬영 시 숏폼 스타일을 고려할 수 있습니다. 제작할 때 어떤 영상으로 만들어도 화면이 잘리지 않도록 하는 것이 중요합니다.
- 타깃: 영상을 전달하고자 하는 대상을 구체적으로 적습니다(연령대, 성별, 직업군, 관심사 등). 이를 기반으로 제작 시 영상의 톤앤매너를 결정할 수 있습니다.
- 간략한 기획 내용: 영상이 담고자 하는 정보, 흐름 등을 간단히 정리합니다.
- 영상 길이: 희망하는 영상의 전체 재생 시간을 입력합니다.
- 영상 유형 및 제작 범위: 영상이 리스티클인지, 그래픽 활용인지, 인터뷰인지 등을 적습니다.

• 제작 예산: 해당 영상을 제작하는 데 가용할 수 있는 예산을 적습니다.

③ 스토리보드 구성하기

스토리보드는 제작 바로 전 단계에서 영상의 중요한 부분을 중심으로 화면의 구성부터 효과, 내레이션 등을 구체적으로 작성한 자료라고 할 수 있습니다. 영상 제작에는 다수의 사람이 참여하므로 최대한 상세하게 정리하는 것이 좋습니다.

• 개요 정리

ⓐ 영상의 목적: 촬영 및 편집 담당자가 영상에 대한 이해를 높일 수 있도록 작성합니다.

ⓑ 러닝타임: 영상의 총길이를 사전에 설정하고, 그에 맞춰 촬영과 편집이 이루어지도록 합니다.

• 각 장면 상세히 구성하기

ⓐ 장면 설명: 해당 장면이 어떤 구성으로 이루어지는지를 간단하게 설명합니다.

ⓑ 장면 이미지(샘플): 촬영과 편집의 이해를 높이기 위해 설명에 맞는 샘플 영상 또는 이미지를 준비합니다.

ⓒ 대사/내레이션: 영상에 들어가는 대사, 자막과 그 위치를 표시합니다.

ⓓ 효과음: 장면에 맞는 효과음의 종류를 설명합니다.

ⓔ 화면 전환: 현재 화면에서 다음 화면으로 넘어갈 때의 효과를 설명합니다.

ⓕ 소요 시간: 전체 러닝타임이 아닌 각 장면의 소요 시간을 기입해 촬영과 편집 시 참고할 수 있도록 합니다.

스토리보드 양식

컷	영상/사진	내용	소리	시간

4) 영상 촬영하기

아무리 계획을 잘 세웠다고 해도 촬영 현장에서는 언제나 예상치 못한 변수가 발생합니다. 이런 부분을 최소화하기 위해서는 무엇보다 다른 사람이 만든 영상을 많이 보는 것이 제일 좋은 방법입니다. 특히 TV 예능 프로그램은 카메라 배치, 자막 등을 참고하는 데 매우 유용합니다. 직접 촬영하기 위해서는 어떤 장비가 필요한지, 촬영을 의뢰할 때는 어떤 준비를 해야 하는지 체크해보세요.

① 직접 촬영하기

촬영은 쉽지 않습니다. 핸드폰으로 찍어 올릴 수도 있지만, 개인 소장용이 아닌 이상 영상의 질은 무엇보다 중요합니다. 경험이 있다면 장비를 빌려서 촬영하고 편집할 수 있습니다. 기획과 촬영, 편집을 혼자서 진행해야 하는 경우 그만큼 준비해야 할 사항이 많아집니다. 그러므로 사전에 꼼꼼히 체크해야 합니다. 예를 들어 인터뷰 영상을 촬영한다면, 촬영과 함께 인터뷰 진행자 역할도 함께 맡아야 하므로 사전에 촬영 현장을 탐방하거나, 미리 도착해서 카메라와 조명의 수량 및 위치를 잡아두는 것이 좋습니다. 물론 촬영 소품들도 미리미리 준비해놓아야겠죠.

요즘에는 유튜버용 촬영 세트를 판매하기도 하는데, 이는 방에서 혼자 근접 촬영을 할 때 사용할 수 있는 제품이 대부분입니다. 기본적으로 현장 인터뷰 영상을 찍기 위해 필요한 기기는 다음과 같습니다.

- **촬영 기기**: 해상도 높은 DSLR 카메라나 캠코더를 주로 사용합니다. GOPRO나 사양이 높은 핸드폰으로 촬영하기도 합니다. 각각의 기기는 저마다 특징이 있으므로, 자신의 촬영 실력에 맞는 것을 준비합니다. 카메라 조작이 서툰 경우에는 핸드폰으로 영상을 찍어도 좋습니다.

- **조명 기기**: 영상 촬영 시 피사체가 두드러지게 하려면 조명을 잘 사용해야 합니다. 피사체에 그림자가 지지는 않는지, 전체적으로 너무 어둡지는 않은지, 배경에 묻히지는 않는지 파악해서 조명을 설치합니다. 직접 작업할 경우에는 촬영 스튜디오를 빌리는 경우가 많은데요, 이때 스튜디오에 조명 설치를 의뢰할 수도 있습니다.

- **핀 마이크**: 촬영할 때는 소리를 더 깨끗하게 받아서 녹화할 수 있는 마이크가 필요합니다. 카메라에 달린 마이크는 촬영장 전체의 소음까지 모두 흡수하기 때문에 소리를 가까이에서 딸 수

있는 핀 마이크를 준비하는 것이 좋습니다.

🎧 **영상 장비를 꼭 구입해야 할까?**

영상 촬영에는 카메라·조명·오디오 등 다양한 장비가 필요한데, 그 가격
이 만만치 않습니다. 1인 기업이나 소상공인이 모든 장비를 구비하기는
어려운 일입니다. 이때는 장비를 대여해주는 렌털업체를 이용하면 문제
를 쉽게 해결할 수 있습니다. 카메라·조명뿐만 아니라 영상 촬영 관련 액
세서리도 대여해주니 장비 구매에 따른 부담을 줄일 수 있습니다.

영상 장비 대여업체 (출처: 에스엘알렌트)

---

② 전문 프로덕션에 의뢰하기

촬영과 편집을 전문적으로 진행하는 프로덕션에 의뢰하는 경우,
영상의 목적과 기대하는 퀄리티에 따라 업체를 선택합니다. 유튜

브 등 SNS 채널 게재용 영상(흔히 바이럴 영상이라 부름)은 1인 영상 제작자나 SNS 전문 영상 제작 프로덕션을 찾아서 진행하는 경우가 많습니다. 유튜브가 활성화하면서 바이럴 영상만을 전문으로 제작하는 프로덕션도 늘었습니다. 그만큼 제작 업체별 가격과 퀄리티 또한 천차만별입니다. 그러므로 촬영을 의뢰하기 전 반드시 프로덕션의 포트폴리오를 확인하고, 제작하려는 영상과 비슷한 경험이 있는지를 체크하는 것이 좋습니다.

5) 영상 편집하기

① 편집 의뢰하기

직접 편집을 할 수 없다면 전문 프로덕션에 촬영과 편집까지 의뢰하는 경우가 대부분입니다. 촬영과 편집을 한 업체에서 진행하면 영상에 대한 이해도가 높아 수월하게 작업할 수 있습니다. 간혹 편집만 따로 의뢰하는 경우가 있는데, 이때는 스토리보드 외에 촬영 영상을 기반으로 상세한 편집 구성안을 별도로 제작해서 전달해야 합니다. 편집 구성안은 스토리보드와 유사한데, 해당 영상 파일명과 시간, 영상 화면 캡처 이미지, 들어가야 할 자막등을 정확하게 기입합니다.

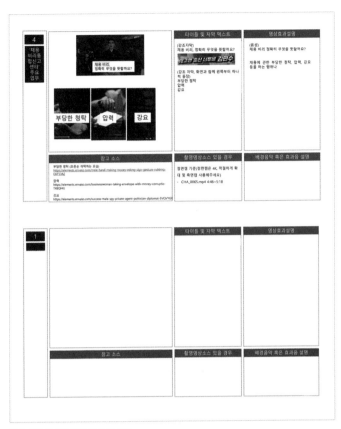

영상 편집 구성안 제작 예시 및 샘플

② 제작된 샘플 영상 체크하기

대부분의 외주 영상 제작사는 2회 내외의 수정을 진행합니다. 처음 의뢰할 때 상세한 편집 구성안을 작성해야 수정을 줄일 수 있습니다. 제작 샘플을 확인할 때는 최대한 꼼꼼하게 체크해 한 번에 수정 사항을 전달합니다.

> ### 🎧 영상 제작 예산을 미리 정해둬야 하는 이유
>
> 영상은 다른 콘텐츠에 비해 비용이 많이 듭니다. 그러다 보니 영상을 제작할 때 모든 내용을 담고 싶고, 평소 봤던 영상의 퀄리티와 효과를 적용하고 싶은 욕심이 생깁니다. 하지만 영상 제작의 여러 측면은 모두 비용을 수반하므로 무엇보다 예산을 정확히 산정하는 것이 중요합니다.
> 예산에 따라 영상의 수준을 정할 수 있으며, 작업 진행 시 촬영 장비와 스태프의 수 등도 예산에 맞춰 조율할 수 있습니다.

8. 생각보다 많이 듣는다!
오디오 콘텐츠

콘텐츠 마케팅 담당자라면 정보를 더 많이 확산시킬 방법을 늘고민해야 합니다. 기존 SNS 채널은 자연스러운 확산이 점점 더어려워지고 있으며, 확산을 위해서는 더욱 많은 광고를 집행해야하는 상황이 되었습니다. 더불어 콘텐츠의 양이 늘어나 경쟁률도높아지고 있습니다. 이러한 고민을 하고 있다면, 오디오 콘텐츠가새로운 대안일 수도 있습니다.

해외 조사업체에 따르면 국내 오디오 콘텐츠 시장 규모는꾸준히 성장하고 있으며, 2019년 256억 원이던 시장이 2024년에는 1115억 원에 달할 것으로 전망합니다. 미국 대표 라디오 방송 '아이하트미디어(iHeartMedia)'에 따르면, MZ세대는 매주 18시간씩 팟캐스트를 듣는다고 합니다. 하루 2~3시간은 오디오 콘텐츠를 꾸준히 청취한다는 얘깁니다. 서울경제는 2021년 4월 16일 기사에서, 영상 플랫폼 기반의 매체 환경에서 성장한 이들이 '듣기' 문화를 소비하는 데 열광하는 이유는 오디오가 추억을 되짚는 '레트로'가 아닌 '신선한 경험'이기 때문이라고 분석했습니다

우리나라에서는 팟캐스트를 통해 오디오 시장이 크게 활성화했고, 최근에는 오디오북 이용자가 증가하는 추세입니다. 사실 오디오는 영상보다 쉽게 제작할 수 있는 콘텐츠임에도 불구하고 만들기 어렵다는 인식이 높습니다. 현재 국내에서는 팟빵, 네이버 오디오클립 등 일반인도 쉽게 만들 수 있는 오디오 플랫폼이 활성화되어 있으며 윌라, 밀리의서재 등 오디오북을 서비스하는 플랫폼도 성장 중입니다. 오디오 콘텐츠는 들으면서 다른 업무를 동시에 할 수 있다는 장점 덕분에 그 비중이 더욱 커지고 있습니다.

1) 오디오 콘텐츠 기획하기

① 대본 정리하기

오디오 콘텐츠를 만드는 데 가장 기본적인 작업입니다. 오디오 콘텐츠는 단순히 글을 읽고 녹음하면 된다고 생각하는 경우가 많은데, 읽는 것과 말하는 것에는 큰 차이가 있습니다. 특히 텍스트

콘텐츠를 오디오 콘텐츠로 만들 때는 발음하기 쉬운 단어로 교체하거나 호흡이 어색한 부분을 확인해 문장을 수정하는 등의 작업이 반드시 필요합니다.

오디오 대본에 특별한 형식은 없으나 작업이 원활히 이뤄질 수 있도록 녹음 대상별로 구분을 하거나 호흡에 맞춰 줄 바꿈 처리 등을 해주는 것이 좋습니다. 더불어 오디오 대본에는 강조해서 읽어야 하는 부분도 함께 표시해 녹음하는 사람이 놓치지 않도록 해주세요.

오디오 대본

챕터	내용(대본)	시간	배경 효과	스피커
1	대한민국 10대 여학생들이 가장~ 좋아하는 분식. 과연 무엇일까요?	00:01		
	바로 마라탕이라고 합니다.	00:13	중국 느낌 효과음	
	이번에는 매콤한 마라 국물이 10대 여학생들의 입맛을 꽉 잡은 이유. 한 번 알아보았습니다.	00:15	여학생들 웃음소리 삽입	
	"먹으면 스트레스가 확~ 풀려요!"	00:30	실제 인터뷰 목소리 삽입	

② 녹음 스튜디오 섭외하기

오디오 콘텐츠는 소리로만 정보를 전달하기 때문에 녹음 시 주변 소음을 최대한 없애야 합니다. 우리가 조용하다고 생각하는 곳도 소리가 울리거나 반대로 잔 소음이 생길 수 있으므로, 내·외부 소음을 최대한 줄여주는 전문 스튜디오에서 녹음하는 것이 좋습니다.

전문 스튜디오에는 녹음 부스에 방음 장비와 녹음 전용 마이크가 설치되어 있으며, 작업 완료 후에는 녹음 파일을 전달해 줍니다. 때에 따라 녹음 스튜디오에서 편집까지 진행하는 경우도 있습니다. 오디오 스튜디오 임대료는 시간당 2~3만 원으로 저렴하므로 녹음에만 집중할 수 있는 스튜디오를 이용하는 것이 더 편리합니다.

③ 성우 섭외하기

오디오 콘텐츠는 당사자가 직접 녹음할 수도 있고 전문 성우를 섭외할 수도 있습니다. 성우를 섭외할 때는 콘텐츠의 목적과 이용 대상에 따라 남녀 성별을 구분하거나 연령대에 맞는 목소리를 고려해야 합니다.

비전문가를 섭외할 경우에는 대부분 녹음에 익숙하지 않기 때문에 미리 대본을 전달해 충분히 연습할 시간을 주어야 합니다. 발음은 정확한지, 말이 꼬이는 곳은 없는지 사전 리허설을 통해 체크한 후 본 녹음에 들어가는 것이 좋습니다. 같은 내용이라도 조금씩 톤을 바꿔가며 몇 차례 녹음하면 다양한 샘플을 얻을 수 있습니다.

🎧 AI 목소리로 녹음하기

텍스트를 오디오로 변경해주는 서비스를 이용하면 성우 섭외의 번거로움과 비용을 줄일 수 있습니다. 국내에서는 타입캐스트와 네이버의 클로바더빙, 2가지 서비스가 대표적입니다.

1) 타입캐스트

타입캐스트(https://typecast.ai/kr)는 다양한 캐릭터에 맞춰 목소리를 제공하며, 음성에 맞는 가상 인간을 영상에 활용하는 등의 다양한 기능이 있습니다. 다만 유료 결제를 해야 캐릭터와 긴 시간 오디오 이용이 가능합니다.

타입캐스트의
다양한 보이스
캐릭터

2) 클로바더빙

클로바더빙(https://clovadubbing.naver.com/)은 네이버에서 제공하는 AI 보이스 서비스입니다. 출처를 밝히면 무료로 사용할 수 있고, AI 기술의 발달로 매우 자연스러운 목소리의 오디오를 확보할 수 있습니다.

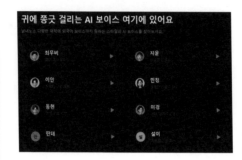

클로바더빙의
AI 보이스

2) 오디오 콘텐츠 편집하기

예산에 제약이 있거나 빠른 시일 내에 오디오 콘텐츠를 제작해야 하는 경우 직접 편집하는 방법이 있습니다.

전문 스튜디오에서 녹음한 파일이라도 미세하게 잡음이 섞여 있을 수 있습니다. 따라서 편집 시에는 가장 먼저 소음 제거를 진행해야 합니다. 직접 편집할 때 가장 유용하게 활용할 수 있는 오디오 편집 프로그램은 오다시티입니다. 무료로 제공함에도 강력한 편집 기능을 포함하고 있어 유용합니다. 오다시티의 기본 이용법을 알아보며 편집 과정을 소개합니다.

① 오다시티 프로그램 다운 및 설치

네이버나 구글에서 오다시티를 검색하면 쉽게 다운로드 페이지를 찾을 수 있습니다.

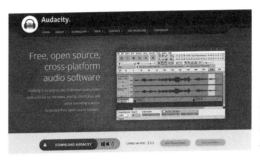

오다시티 홈페이지
메인 화면
(https://www.
audacityteam.org/)

② 프로그램 실행 후 오디오 파일 불러오기

오다시티를 실행하면 아래와 같은 편집 화면이 나옵니다. mp3 같은 오디오 파일을 이용해 편집할 수 있으며, 오다시티에서 지

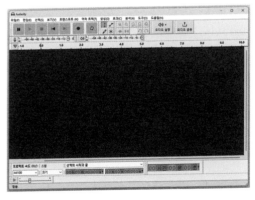

오다시티 편집 화면

원하지 않는 형식의 파일은 파일 변환기를 이용해 mp3로 바꾼 후 편집합니다.

③ 오디오 잡음 제거 및 톤 조정하기

일반적으로 녹음한 파일에는 주위 잡음이 반드시 들어가게 마련입니다. 따라서 오디오를 편집하기 전에 이를 제거하는 과정이 반드시 필요합니다. 오다시티의 '효과 > 노이즈 제거 및 복구' 메뉴를 이용하면 쉽게 제거할 수 있습니다.

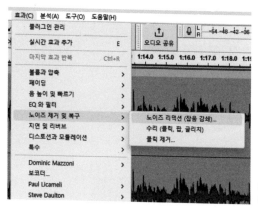

오다시티 노이즈
리덕션 메뉴 화면

노이즈를 제거하기 위해서는 우선 아래와 같이 전체 오디오 파일 중 잡음의 기준이 되는 오디오 영역을 지정합니다. 이후 '노이즈 리덕션(노이즈 제거 효과)' 메뉴를 선택합니다.

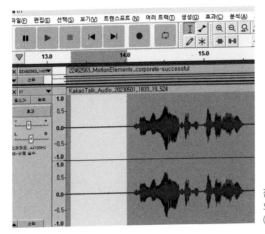

잡음의 기준이 되는
오디오 영역 지정
(밝은 부분)

노이즈 리덕션을 실행하면 다음과 같은 알림창이 뜹니다.
잡음으로 지정한 영역을 '노이즈 프로파일 구하기'를 통해 제거
해야 할 노이즈 기준으로 설정합니다.

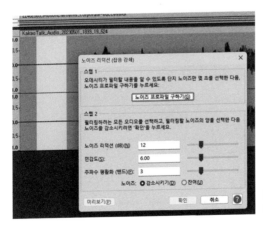

노이즈 리덕션
실행 화면

오디오 편집 화면으로 돌아와 전체 영역을 지정한 후 다시 한번 '노이즈 리덕션' 메뉴를 실행하면 '노이즈 프로파일 구하기'를 하기 전에는 활성화되어 있지 않았던 하단의 '확인' 버튼이 활성화한 것을 볼 수 있는데, 이 버튼을 클릭하면 전체 영역에서 사전에 지정한 노이즈 기준에 맞춰 노이즈를 제거해줍니다. 이를 실행하면 주위 잡음이 꽤 사라지는 걸 확인할 수 있는데, 여러 번 사용하면 오디오 자체에 변형이 오기 때문에 1~2회 정도만 적용하는 것이 좋습니다.

④ 불필요한 오디오 영역 잘라내기

증폭 메뉴 화면

오디오를 들으면서 제거할 부분을 체크해 삭제합니다. 제거할 부분 체크는 마우스 좌클릭을 누르고 시작점과 끝나는 점을 드래그하면 영역이 설정됩니다. 그리고 마우스 우클릭 후 잘라내기를 실행하면 됩니다. 오디오에서 특정 부분의 소리가 작게 녹음된 경우에는 해당 영역을 설정한 후 '효과 > 볼륨과 압축 > 증폭'을 통해 볼륨을 키울 수 있습니다.

⑤ 연결 및 새로운 오디오 추가하기

오다시티는 영상 편집 프로그램과 비슷하게 오디오 파일을 각각의 레이어로 설정해 편집합니다. 따라서 여러 개의 오디오를 이어서 편집할 때는 각각의 오디오 파일이 실행되는 위치로 이동하는 것도 가능합니다.

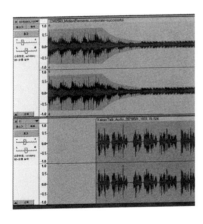

다수의 레이어로 구성된 오다시티
편집 화면

⑥ 편집 완료 및 저장하기

편집을 완료했으면 '파일 > 내보내기' 메뉴를 활용해 원하는 형식의 오디오 파일로 저장할 수 있습니다.

오다시티 작업 완료 후 오디오
파일로 저장하기

🎧 오디오 콘텐츠, 어디서 운영할까?

얼심히 제작한 오디오 콘텐츠를 많은 사람이 듣게끔 만들기 위해선 오
디오 전문 플랫폼에 채널을 만들어 게재해야 합니다. 팟빵과 네이버 오
디오클립이 대표적인 오디오 전문 플랫폼입니다. 두 플랫폼의 이용법은
다음과 같습니다.

1) 팟빵

국내에서 가장 많은 이용자를 확보하고 있는 오디오 콘텐츠 플랫폼으로,
누구나 자유롭게 채널을 개설해 콘텐츠를 올릴 수 있습니다.

팟빵 회원 가입 후 팟빵 크리에이터 스튜디오에서 '방송 개설' 메뉴를 클
릭해 채널 개설을 신청합니다. 신청을 하면 내부 심사를 거쳐 개설 여부
를 최종 결정합니다. 방송 개설이 허락되면 '에피소드 관리' 메뉴를 통해
팟빵에서 제시하는 용량, 형식, 썸네일 이미지 등의 기준에 맞춰 오디오
파일을 업로드합니다.

팟빵의 방송
채널들

2) 네이버 오디오클립

네이버 오디오클립은 네이버 회원이면 누구나 채널 개설, 오디오 콘텐츠 등록이 가능합니다. 단, 오디오클립 운영을 위해서는 '소리 스튜디오'라는 별도의 플랫폼을 통해 채널 개설 승인 및 콘텐츠 등록 과정을 진행해야 합니다. 이 경우 네이버에서 내부 심사 과정을 거쳐 채널 개설 여부를 결정합니다.

채널 개설이 승인되면 콘텐츠를 등록할 수 있습니다. 각 입력 항목을 작성하고 오디오 파일까지 업로드하면 등록이 완료되는데, 이때 콘텐츠도 내부 심사 과정을 거쳐 공개 여부를 결정합니다. 심사에는 시간이 걸리기 때문에 일정에 맞춰 오디오 콘텐츠를 게재해야 할 경우 미리 클립 등록을 해두는 것이 좋습니다.

네이버 소리 스튜디오
첫 화면

ONLINE CONTENTS

III

잘 만든 소중한
콘텐츠, 잘 발행하려면?

아무리 잘 만들었다고 해도 온라인에서 많은 사람에게 퍼지지 않으면 무용지물. 즉, 쓸모없는 콘텐츠가 됩니다. 이제 콘텐츠 제작을 끝냈다면, 잘 만든 우리 콘텐츠를 이용자들이 잘 볼 수 있도록, 잘 반응할 수 있도록 SNS에 등록하는 과정이 필요합니다. 콘텐츠 제작은 등록까지 마쳐야 비로소 완성되는 것이라는 점을 잊지 마세요!

1. 블로그에 텍스트 콘텐츠 발행하기

콘텐츠를 제작한 다음에는 그에 맞는 SNS 채널에 발행해 방문자들과 소통을 이어나가야 합니다. 대부분의 SNS는 콘텐츠 게재 방식이 매우 편리합니다. 몇 가지 사항만 알고 있으면, 누구나 쉽게 등록할 수 있습니다. 텍스트 콘텐츠 발행 시 알아야 할 사항들을 소개합니다. 네이버 블로그 발행을 기준으로 설명해드리니 참고하세요.

1) 발행의 종류

네이버 블로그 에디터 3.0에 콘텐츠를 만든 다음, 발행의 종류는 크게 4가지로 나뉩니다. 첫 번째는 임시저장, 두 번째는 발행, 세 번째는 예약, 네 번째는 비공개입니다.

'임시저장'은 콘텐츠를 작성하다 임의의 공간에 잠시 저장하는 것을 의미합니다. 어찌 보면 제작 중간 과정입니다. 임시 저장된 콘텐츠는 새로운 글쓰기를 열어 다시 불러와야 목록 및 내용 확인이 가능합니다.

'발행'은 말 그대로 작성한 콘텐츠를 이용자에게 공개하는 과정입니다. 발행 즉시 글이 공개되고, 설정한 블로그 카테고리에 배치됩니다.

'예약'은 발행 시간을 지정해놓는 것입니다. 10분 단위로 발행 시간을 설정할 수 있으며, 여러 개의 콘텐츠를 만들고 이를 순차적으로 발행할 때 편리합니다. 특히 콘텐츠 발행 시간에 다른 일정이 있을 때 유용합니다.

'비공개'는 블로그에 콘텐츠를 등록하되 타인에게 공개하지 않는 것입니다. 나중에 추가 작업을 마친 다음 공개로 설정해 노출시킬 수 있습니다. 다만, 비공개로 발행한 후에는 콘텐츠 발행 시간 변경이 불가능합니다. 최신 콘텐츠로 발행하고 싶다면, 새로 등록해야 하는 번거로움이 있습니다.

2) 발행하기

네이버 블로그 발행 설정을 위한
팝업 창

콘텐츠를 완성한 후 상단 우측의 '발행' 메뉴를 클릭하면 발행
설정을 위한 팝업 창이 뜹니다. 발행을 위해서는 다양한 항목을
설정 후 최종적으로 팝업 하단의 '발행' 버튼을 클릭하면 됩니다.
주요 설정 항목은 다음과 같습니다.

① 카테고리 설정

콘텐츠를 적합한 카테고리로 설정합니다. 카테고리는 여러 콘텐
츠를 하나의 기준으로 묶거나 분류해줍니다. 블로그 카테고리 설
정은 '관리'에서 가능합니다.

② 주제 설정

네이버 블로그에서 분류한 콘텐츠 주제를 선택하는 항목입니다.

크게 엔터테인먼트·예술, 생활·노하우·쇼핑, 취미·여가·여행, 지식·동향으로 구분되며, 각 항목을 선택하면 네이버 자체의 정렬 기준에 따라 해당 콘텐츠의 주제가 설정됩니다. 이후 블로그 홈에서 '주제별 보기'를 클릭하면, 자신이 설정한 주제에 맞춰 콘텐츠가 노출된 것을 볼 수 있습니다.

블로그 발행 시 선택 가능한 주제들

③ 발행 시간

발행 시간 설정 화면

발행 시간은 현재와 예약, 2가지로 선택할 수 있습니다. 기본은 '현재'이며, 이 경우에는 아래에 날짜와 시간 설정이 보이지 않습니다. '예약'을 선택하면 아래에 날짜와 시간 설정 영역이 나타나며, 10분 단위로 발행 예약이 가능합니다.

2. 인스타그램에 이미지 콘텐츠
발행하기

인스타그램의 콘텐츠 발행은 얼마 전까지만 해도 모바일을 통해서만 할 수 있었으나 최근에는 PC에서도 가능하게끔 변경되었습니다. 각 기기별 발행 방법을 알아봅니다.

1) 모바일에서 발행하기

운영하는 인스타그램 계정에 로그인한 다음, 기기 상단 우측의 '+'를 클릭하면 인스타그램에 게재할 수 있는 모든 형태의 콘텐츠 등록이 가능합니다. 더불어 기기 하단의 상태 바 가운데에 있는 '+'를 누르면 바로 일반 게시물 등록을 할 수 있습니다.

모바일에서 등록 가능한 콘텐츠는 릴스(숏폼 영상), 한 컷 또는 다중 이미지, 스토리(일정 시간 동안 활성화되는 게시물), 스토리 하이라이트(프로필 하단에 나타나는 아이콘 종류), 라이브 방송 등입니다. '가이드'는 인스타그램 게시물, 관심 있는 제품, 장소 등을 모아서 볼 수 있는 기능입니다. 본인의 게시물뿐만 아니라 다른 게시물도 큐레이션해서 자신만의 가이드를 만들 수 있습니다.

인스타그램 모바일 화면

2) PC에서 발행하기

PC에서 발행하는 방법은 사용자가 인스타그램에 로그인한 후 모바일과 같은 형식으로 '만들기(+)' 메뉴를 통해 콘텐츠를 등록하는 것과 페이스북의 '메타 비즈니스 스위트(Meta Business Suite)' 이용하는 것이 있습니다. 메타 비즈니스 스위트를 이용한 콘텐츠 등록은 페이스북 게시물 등록을 설명하는 부분에서 자세히 살펴보고, 여기서는 인스타그램 내부 메뉴를 활용해 발행하는 법을 알아보겠습니다.

왼쪽. PC 인스타그램의 메뉴
오른쪽. 검색 결과 중 해당 태그의 게시물 수량 확인 화면

PC로 인스타그램에 로그인하면 우측에 인스타그램 메뉴를 확인할 수 있습니다. 이 중 하단에 있는 '만들기(+)' 메뉴를 클릭하면 인스타그램의 여러 가지 게시물 중 피드에 게재되는 게시물, 즉 한 컷, 다중 이미지, 동영상 콘텐츠 등록이 가능합니다. 스토리는 모바일을 통해 업로드할 수 있으며, PC에서 동영상을 올릴 경우 피드에는 등록이 되고 릴스 메뉴에는 별도로 등록되지 않다는 점을 기억해야 합니다.

인스타그램 게시물을 등록한 다음에는 그에 맞는 설명을 입력합니다. 장황한 설명보다는 짧고 임팩트 있는 본문을 넣는 것이 좋습니다. 이때 #해시태그도 함께 추가하면 확산에 큰 도움이 됩니다. 해시태그는 2가지 효과를 얻을 수 있는데요, 본문에 함께 사용해서 핵심 키워드를 강조하는 역할을 하고, 관심 있는 이용자들의 유입을 이끌어낼 수 있습니다.

해시태그를 작성할 때는 소재와 관련 있는 키워드와 함께 대중적인 연관 키워드를 사용하는 것이 확산에 유리합니다. 검색 영역에서 해당 키워드를 입력하면 키워드가 몇 개의 게시물에 사용되었는지를 수치로 확인할 수 있는데, 그중 수치가 높은 키워드를 해시태그로 활용하면 됩니다.

인스타그램은 피드 게시물당 최대 30개, 스토리에는 최대 10개의 해시태그를 사용할 수 있습니다. 다만, 해시태그와 함께 본문을 작성할 때는 해시태그가 너무 많아 정보 전달에 지장을 주지 않도록 조절해야 합니다. 남은 해시태그를 본문 하단에 별도로 추가할 수도 있고, 해당 게시물의 댓글에 해시태그를 입력해도 좋습니다.

3. 페이스북에 복합 콘텐츠 발행하기

페이스북에서도 모바일과 PC를 통해 콘텐츠 발행이 가능합니다. 여기서는 PC에서 콘텐츠를 발행하는 2가지 방법을 소개해드립니다. 페이스북의 경우 비즈니스 계정을 활용해 여러 채널을 관리할 수 있는데요, 이 방법을 알아두면 편리합니다.

1) 페이스북 페이지 피드에서 발행하기

페이스북 피드 상단에는 콘텐츠를 발행할 수 있는 영역이 항상 노출되어 있습니다. 해당 공간에는 "무슨 생각을 하고 계신가요?"라는 메시지가 흐리게 입력되어 있는데, 이를 클릭하면 콘텐츠 등록이 가능합니다.

페이스북 비즈니스 계정 관리 화면

'사진/동영상'이나 '릴스' 메뉴를 클릭해 콘텐츠(이미지, 영상 등)를 등록한 후 해당 콘텐츠와 연관된 설명을 본문에 입력합니

페이스북 페이지 피드 발행 화면

다. 이미지 없이 텍스트로 만 게시물을 만들기도 합니다. 페이스북은 현재 정보를 얻는 SNS로 사용되므로, 본문에 자신의 생각이나 제품 설명을 길게 입력하는 것도 좋은 방법입니다. 단, 인스타그램과 달리 해시태그의 효과가 높지 않기 때문에 굳이 해시

태그를 많이 달지 않아도 됩니다.

2) 메타 비즈니스 스위트에서 발행하기

메타 비즈니스 스위트는 페이스북이 제공하는 관리자 모드라고 생각하면 됩니다. 여기서는 게시물 관리뿐만 아니라 광고 등 다양한 기능을 설정할 수 있습니다. 운영 통계도 확인할 수 있어, 게시물 및 채널 운영 성과를 정리할 때도 매우 유용합니다.

　　메타 비즈니스 스위트에 들어오면 가운데에 '게시물 만들기'라는 버튼이 보이는데요, 이것을 클릭해 콘텐츠를 발행하면 됩니다. 여기서는 페이스북과 연결된 인스타그램 계정에도 게시물을 올릴 수 있습니다. 이때는 같은 게시물을 각각의 채널에 따로 등록하거나, 동시에 등록할 수도 있어 매우 편리합니다.

메타 비즈니스 스위트 실행 화면

'게시물 만들기'를 클릭하면 아래와 같은 화면이 나오는데, '게시할 위치'에서 페이스북과 함께 연동된 채널을 동시에 여러 개 선택할 수도 있습니다. '미디어' 영역에서는 게재할 콘텐츠를 업로드할 수 있고, 게시물 상세 정보에 해당 설명과 해시태그를 입력하면 됩니다. 우측 화면에서는 입력 내용이 반영된 콘텐츠 샘플을 게시할 위치를 보여줍니다. 콘텐츠 업로드 후 모바일, PC에서의 모습도 체크할 수 있습니다.

메타 비즈니스
스위트에서 게시물 등록
화면

마지막으로 '예약 옵션'에서 지금 게시할 것인지, 예약 발행할 것인지 선택할 수 있습니다. 임시 저장할 경우에는 콘텐츠 목록에서 그 내용을 확인할 수 있으며, 추후 이를 수정·발행하면 됩니다.

4. 유튜브에 영상 콘텐츠 발행하기

유튜브 영상은 모바일과 PC에서 모두 콘텐츠 등록이 가능합니다. 다만 모바일보다는 PC를 통해 좀 더 상세한 설정을 할 수 있기 때문에 여기서는 PC에서의 콘텐츠 발행 과정을 소개하겠습니다.

유튜브는 다른 콘텐츠에 비해 영상 콘텐츠의 용량이 크기 때문에 업로드에 시간이 조금 걸립니다. 따라서 충분한 여유를 갖고 등록해야 실수 없이 발행할 수 있다는 것을 꼭 기억하세요.

1) PC에서 발행하기

유튜브에 로그인하면 우측 상단에 동그랗게 프로필 이미지와 함께 옆으로 2가지 아이콘이 보입니다. 첫 번째 캠코더 모양 아이콘이 영상 콘텐츠를 바로 등록할 수 있는 기능을 제공하고, 두 번째 종 모양 아이콘은 신규 댓글 등을 알려주는 채널 알림입니다.

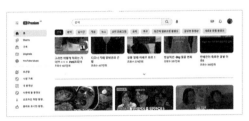

유튜브 채널 관리자 화면

콘텐츠 발행을 위해 캠코더 아이콘을 클릭하면 다음과 같이 파일을 업로드할 수 있는 팝업 창이 뜹니다. 해당 파일을 드래그하거나 파일 선택을 통해 업로드하면 자동으로 파일 등록을 시작합니다.

동영상 업로드 화면

그리고 파일이 다 업로드될 때까지 기다립니다. 앞서 말했듯 유튜브 영상 콘텐츠는 용량이 크기 때문에 업로드에도 시간이 걸립니다. 이때 영상의 제목, 본문, 태그 등 다른 설정을 동시에 진행합니다. 영상 파일을 업로드하면 아래와 같은 화면을 볼 수 있습니다.

영상 설정 화면

① 제목

기본적으로 입력된 동영상 파일명을 수정해, 주요 키워드를 중심으로 영상 콘텐츠의 내용을 짐작할 수 있는 제목을 만들어 넣습니다. 블로그와 달리 유튜브 영상을 보면 제목이 꽤 긴 것을 종종 볼 수 있습니다. 본문의 내용을 굳이 확인하지 않아도 제목만으로 영상을 보게끔 유도하기 위함입니다. 이용자 역시 여기에 익숙해진 상황이기 때문에 영상을 게재할 때 제목의 길이를 여러 가지로 적용해보는 것도 좋습니다.

② 설명

유튜브는 꽤 긴 분량의 텍스트를 지원합니다. 설명에는 제목에서 다 쓰지 못한, 영상에 대한 설명과 연계 링크, 주요 시간대별 목록을 보여주는 타임카드 등의 설정이 가능합니다. 해시태그를 본문에 입력하거나, 상세 설정을 통해 추가로 해시태그를 넣을 수도 있습니다.

③ 미리 보기 이미지

영상의 대표 썸네일을 적용하는 기능입니다. 유튜브에서는 영상을 기반으로 3개의 썸네일을 추출해 제공하는데, 별도로 제작해 등록할 수도 있습니다. 썸네일이 영상 콘텐츠 조회에 매우 중요한 역할을 하기 때문에 눈에 띄는 썸네일을 따로 제작해 올리는 것을 추천합니다.

④ 재생 목록

유튜브에서 제공하는 카테고리 기능입니다. 현재 등록하는 영상 콘텐츠가 어느 카테고리에 포함되는지를 선택합니다. 재생 목록이 없을 경우 선택하지 않아도 됩니다.

⑤ 아동용 설정

SNS에서 아동을 대상으로 좋지 않은 콘텐츠 노출 사례가 늘어나면서 유튜브 역시 콘텐츠를 등록할 때 이에 대한 필터링을 진행하고 있습니다. 아동용으로 체크할 경우에는 노출 대상은 물론 댓글 기능에도 제한이 걸립니다.

○ 예, 아동용입니다
○ 아니요, 아동용이 아닙니다
∨ 연령 제한(고급)

유튜브 아동용
설정 화면

⑥ 더 보기

세부 설정 팝업의 내용을 입력하다 보면 뭔가 부족한 것 같은 느낌이 드는데요, 무엇보다 다른 채널에서 쉽게 볼 수 있는 태그 입력 기능이 없다는 걸 알 수 있습니다. 해시태그를 통해 유튜브 영상의 확산을 기대한다면, '더 보기'를 클릭해 태그를 입력하세요.

태그

태그는 동영상의 콘텐츠에 일반적으로 맞춤법이 틀리는 단어가 있을 경우 유용합니다. 그 외에 시청자가 동영상을 찾는 데 있어 태그가 하는 역할은 제한적입니다. 자세히 알아보기

태그 추가

각 태그의 뒤에 쉼표를 입력하세요.   0/500

언어 및 자막 면제 인증서

동영상 언어와 자막 면제 인증서(필요한 경우)를 선택하세요.

동영상 언어
선택

자막 면제 인증서 ⑦
없음

녹화 날짜 및 위치

동영상을 촬영한 시기와 위치를 추가합니다. 시청자는 위치별로 동영상을 검색할 수 있습니다.

녹화 날짜
없음

동영상 위치
없음

라이선스

라이선스 유형에 대해 알아보세요.

라이선스
표준 YouTube 라이선스

☑ 퍼가기 허용 ⑦
☑ 구독 피드에 게시하고 구독자에게 알림 전송

Shorts 리믹스

다른 사용자가 이 동영상의 콘텐츠를 사용하여 Shorts 동영상을 만들 수 있도록 허용합니다. 자세히 알아보기

⦿ 동영상 및 오디오 리믹스 허용
◯ 오디오 리믹스만 허용
◯ 리믹스 허용하지 않음

카테고리

시청자가 보다 쉽게 찾을 수 있도록 카테고리에 동영상을 추가하세요.

인물/블로그

세부 설정 '더 보기'
화면

⑦ 동영상 요소

유튜브 영상을 보다 보면 우측 상단에 텍스트 배너가 뜨기도 하고, 마지막에 다른 영상으로 유도하는 배너가 보이기도 합니다.

225

이 기능을 설정하려면 '추가'를 누르고, 추가할 내용이 없다면 억지로 넣지 않고 '다음'을 눌러 넘어가도 영상에 아무런 지장이 없습니다.

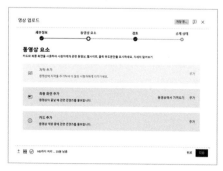

동영상 요소 설정 화면

⑧ 검토

유튜브는 영상 콘텐츠 등록 과정에서 저작권 이슈에 대한 검토를 진행합니다. 영상 내에 추가된 영상 자료나 음원에 대해 저작권 위배 사항이 없는지를 살피며, 위배 사례를 발견하면 공개되지 않을 수도 있으니 주의하세요.

저작권 이슈 검토 화면

⑨ 공개 상태 설정

이제 마지막으로 영상의 공개 상태를 설정합니다. 현재 업로드하
고 있는 영상을 비공개 상태로 처리할 것인지, 아니면 일부 공개
나 전체 공개로 할 것인지를 결정합니다. 여기서 일부 공개는 채
널에서는 공식적으로 영상이 보이지 않고, 링크를 공유받은 사람
만 볼 수 있도록 설정하는 기능입니다. 이 단계에서는 예약을 통

227

해 영상 공개 날짜를 선택할 수 있습니다.

공개 상태 설정 화면

⑩ 영상 게재 확인 및 수정

영상 콘텐츠 게재 단계를 전부 마치면 유튜브 스튜디오의 콘텐츠 카테고리에서 해당 영상을 확인할 수 있습니다. 여기서는 지난 영상까지도 한 번에 확인 가능합니다. '목록'에서는 영상 콘텐츠의 공개 여부 및 간단한 통계를 볼 수 있으며, '제목'에 마우스를 올리면 영상을 수정할지 삭제할지 설정할 수 있습니다. 이때 '수정'을 클릭하면 영상 등록 화면이 나오고 제목, 본문 내용, 썸네일, 공개 범위, 태그 등의 상세 설정 수정이 가능합니다.

업로드 영상 확인 화면

업로드한 영상을 수정하는 방법은 한 가지가 더 있습니다. 계정에 로그인한 상태에서 영상 콘텐츠 제목 밑을 보면 파란색의 '분석'과 '동영상 수정' 버튼이 보입니다. 여기서 '동영상 수정' 버튼을 클릭하면 동영상 설정 화면으로 들어가 세부적인 설정이 가능합니다.

유튜브 '동영상 수정' 버튼

2) 유튜브 쇼츠 발행하기

요즘은 유튜브의 자체 숏폼 플랫폼인 쇼츠의 인기가 높습니다.

기존에 제작한 영상을 숏폼의 길이에 맞춰 잘라서 올리는 경우도 적지 않습니다. 클라이맥스 부분만 올려 본 영상에 대한 흥미를 끄는 용도로 활용하기도 합니다.

쇼츠에 영상을 발행하는 데 별도의 단계가 있는 것은 아닙니다. PC에서는 일반 영상 업로드 과정과 동일하게 진행하되, 제목이나 본문의 해시태그 3개 안에 #shorts를 포함하면 유튜브에서 해당 영상을 쇼츠로 자동 인식하고 별도의 탭으로 저장합니다.

유튜브 쇼츠 모바일 제작 화면

모바일에서 영상을 업로드할 때는 'Shorts 동영상 만들기'를 활용하면 별도의 해시태그 추가 없이 쇼츠로 자동 분류됩니다.

일반 영상과 다른 점이 또 하나 있다면, 숏폼은 썸네일 설정이 되지 않는다는 것입니다. #shorts 태그를 인식하는 순간 썸네일 기능이 비활성화되며 자동으로 추출한 썸네일이 보여집니다.

부록

콘텐츠, 어떻게 해야 잘 퍼질까?

지금까지 다양한 온라인 콘텐츠 종류와 기획하는 법, 제작하는 법 그리고 여러 SNS에 발행하는 법까지 살펴보았습니다. 온라인 콘텐츠 마케팅을 성공적으로 이끌기 위해서는 콘텐츠 게재 이후가 더 중요합니다.

성공적인 콘텐츠 마케팅은 콘텐츠 제작에 그치지 않고, 그 콘텐츠를 퍼트리기 위해 여러 SNS 채널을 운영하고 그에 맞춰 콘텐츠를 변형시키며, 여러 사람의 참여를 이끌어내기 위해 온라인 이벤트를 진행하는 업무까지 포함됩니다.

게시물 활성화를 위해 이벤트를 진행해야 하는 이유

콘텐츠를 더 많은 사람이 보게끔 만들려면, 게시물이 활성화되어야 합니다. 게시물 활성화는 조회 수뿐만 아니라 댓글 등의 적극적인 참여도 반영하기 때문에, 콘텐츠 확산을 고려한다면 연계 이벤트 추진은 필수입니다.

특히 댓글 이벤트를 진행해 여러 사람이 글을 쓰게 만들면, 콘텐츠가 더 널리 퍼질 수 있습니다. 이런 콘텐츠 연계 이벤트는 경품을 과하게 책정할 필요가 없습니다. 작은 경품이라도 댓글 활성화와 소통의 의미를 가질 수 있도록 재미있게 운영하면, 게시물뿐만 아니라 채널의 영향력도 커질 수 있습니다.

이벤트를 진행하는 이유는 크게 2가지입니다. 하나는 정보 또는 상품을 최대한 폭넓게 전달하는 '확산'이며, 다른 하나는 채널의 활성화를 지속적으로 이어나가기 위한 '소통'입니다. 그 밖에 정확한 정보 전달하기, 이용자들로부터 의미 있는 참여 이끌어내기 등 다양한 목적이 있지만, 역시 가장 중요한 것은 바로 '확산' 과 소통'입니다.

확산 목적의 이벤트는 콘텐츠가 최대한 채널 내, 또는 다른 채널까지 퍼지도록 만드는 것이 관건입니다. 이때는 해당 이벤트 참여 후 친구를 초대하거나 이벤트 게시물을 공유하는 부수적인 활동이 뒤따를 수 있도록 구성하는 것이 좋습니다.

소통 목적의 이벤트는 최대한 많은 댓글을 확보하는 것이 관건입니다. 따라서 무엇보다 참여를 유도하기 위해 단답형 퀴즈처럼 손쉽게 댓글을 남길 수 있도록 기획해야 합니다.

이렇게 이벤트는 목적에 따라 기획 방향이 달라집니다. 효과적인 이벤트 진행을 위한 기획안 작성법을 소개합니다.

1) 이벤트 목적 정의

이벤트가 정보 또는 브랜드의 확산이 목적인지, 소통(참여)이 목적인지, 의도된 답변을 취합하는 것이 목적인지 분명하게 정의해야 합니다. 목적이 흔들려서는 안 됩니다.

공유 이벤트 사례
(출처: 마이데이터 블로그)

댓글 이벤트 사례
(출처: 행정안전부 블로그)

2) 이벤트 내용 및 참여 방법 정리

목적에 맞는 이벤트를 진행하기 위한 아이디어를 규합해 콘셉트를 잡습니다. 또한 이벤트 실행 프로세스와 실제 참여 방법을 정리합니다.

3) 이벤트 기간 및 당첨자 발표일 설정

이벤트의 성격에 따라 다르지만 일반적으로 온라인 이벤트는 1주일, 길어도 2주일을 넘기지 않는 게 좋습니다. 기간을 늘린다고 해서 참여자가 많아지는 것은 아닙니다. 더불어 이벤트를 진행할 때는 반드시 당첨자 발표일을 알려줘야 합니다. 발표일을 표시하지 않거나 기간을 맞추지 못하면 오히려 부정적 인식이 퍼질 수 있으니 주의합니다.

4) 이벤트 당첨자 수 및 경품 결정

해당 이벤트를 진행할 때 어느 정도 예산으로 몇 명에게 어떤 경품을 전달할지 결정합니다. 여러 사람이 참여하도록 만들고 싶은 이벤트라면, 경품에 차등을 두지 않고 다수에게 혜택을 주는 것도 좋은 방법입니다.

5) 이벤트 경품 관련 내용 공지 방법 결정

경품을 제공하려면 당첨자 개인 정보가 반드시 필요합니다. 따라서 개인 정보를 입력하지 않을 경우 당첨이 취소된다는 사실과 함께, 개인 정보는 발송 후 폐기된다는 사실도 함께 공지해야 합니다. 당첨자 명단 취합 시 개인정보 사용 동의를 받는 것도 필수입니다.

이벤트 진행 관리 방법

목적에 맞게 이벤트를 기획한 후 게시물을 올리면 바로 이벤트가 시작됩니다. 이제부터는 이벤트 운영이 중요합니다. 더 많은 참여를 이끌어내기 위해 이벤트 관련 해시태그를 지속적으로 추가하거나 교체하고, 이벤트 참여를 유도할 수 있는 채널과 협업 또는 광고를 진행합니다.

또한 이벤트 진행 기간 동안에는 댓글이나 다이렉트 메시지(쪽지)를 통해 이벤트 운영 및 참여에 대한 이용자들의 다양한 의견이 전달되므로 수시로 해당 메시지함에 확인해봐야 야 합니다.

부정적인 댓글은 이벤트뿐만 아니라 채널 자체에도 나쁜 영향을 미칠 수 있으므로 적절한 판단 아래 삭제, 숨김 등의 처리를 수시로 단행합니다.

이벤트 완료 이후에는 당첨자 발표일 전까지 참여자를 취합, 선정하는 과정이 이뤄집니다. 참여자를 정리한 다음, 내부 기준에 맞춰 당첨자를 선정합니다. 기본적으로 SNS를 실제 사용하는 사람인지 파악한 후 뽑는데요, 선정 기준 논란을 피하고 싶다면 엑셀 파일 등을 통해 당첨자를 자동으로 뽑는 방법도 있습니다.

🎧 경품만 쏙 빼가는 얄미운 '체리피커', 어떻게 해야 할까?

이벤트를 진행할 때 거추장스러운 존재가 바로 체리피커입니다. 체리피커는 이벤트 경품 획득을 목적으로 다른 콘텐츠에는 관심이 없고 이벤트 게시물만 찾아다니는 이용자를 말합니다. 이들은 경품을 얻기 위해 꽤 적극적으로 이벤트에 참여하는 것이 특징입니다.

이벤트를 진행하면서 체리피커의 참여를 막을 수는 없습니다. 따라서 이벤트 완료 후 당첨자를 뽑기 전에 모든 참여자의 계정에 들어가 이들이 체리피커인지 아닌지를 확인하는 과정이 반드시 필요합니다. 그러나 체리피커라고 무조건 제외해서는 안 됩니다. 체리피커의 긍정적인 영향력, 즉 이벤트에 적극 참여할 뿐만 아니라 확산에도 꽤 열정적이라는 측면을 적절히 활용할 수 있기 때문입니다.

브랜드마다 이벤트 방식이 다르겠지만, 진성 이용자와 체리피커의 비율을 일정하게 유지하면서 체리피커의 참여를 꾸준히 유도하는 전략이 필요합니다.

우리가 매일 들여다보는 유튜브에는 '인기 영상'이라는 카테고리가 있습니다. 이 카테고리를 클릭하면 최근 급격히 조회 수가 상승하는 영상을 확인할 수 있는데, 이를 보면 요즘 영상의 트렌드는 무엇인지 파악할 수 있습니다. 영상 콘텐츠를 준비하고 있다면 반드시 체크해야 하는 부분이기도 하죠.

우리는 콘텐츠에 트렌드가 있다고 말합니다. 저 역시 매년 연말 연초가 되면 내년 혹은 올해 유행할 트렌드가 무엇인지 파악하기 위해 다양한 정보를 확인합니다. 영상만 놓고 보면 얼마 전까지만 해도 먹방이 인기를 끌더니, 잠시 ASMR에 주목했다가, 최근에는 하이퍼리얼리즘이라는 트렌드가 주류를 이루고 있습니다. 이러한 트렌드를 반영하기라도 하듯 유사한 콘셉트의 영상이 셀 수 없을 정도로 쏟아져 나오고 있죠.

그런데 한편으론 희한한 상황이 벌어집니다. 하이퍼리얼리즘 트렌드를 이끌어간다는 유튜브 채널의 인기나 주목도가 시간이 갈수록 감소하고, 이들 영상에 싫증을 느끼는 대중이 빠르게 늘어나고 있습니다. 처음 선보였을 때의 폭발적인 반응은 간데없고 사람들은 더욱 새로운 형식을 보여달라고 요청합니다. 문제는 이러한 주기가 갈수록 짧아진다는 것입니다. 특히 숏폼 콘텐츠의 영향력이 더욱 커지고 있는 요즘에는 콘텐츠의 소비 주기도 급속하게 짧아지고 있습니다.

　이런 상황에서 "이게 정답이다!"라고 말할 수 있는 콘텐츠가 과연 있을까요? 제가 생각하기에 그렇게 말하는 사람은 오히려 트렌드를 잘 모르는 것 아닐까 싶습니다.

　그럼에도 콘텐츠 마케터는 빠르게 변화하는 콘텐츠 트렌드를 파악하고, 사람들의 입맛에 맞춰 콘텐츠를 제작해야 합니다. 그렇다면 새로운 콘텐츠는 어떻게 만들어질까요? 이 질문에 대한 정답 역시 없습니다. 아니, 모릅니다.

　이렇듯 콘텐츠에 정답은 없지만, 콘텐츠 제작에는 정답이 있습니다. 바로 꾸준히 만들고 시도하는 것. 현재의 수준에 머무르지 않고 더 보완할 방법을 찾으며, 새로운 형식을 덧붙여 도전하는 것이야말로 콘텐츠를 잘 만드는 비결입니다.

　'당장 써먹을 수 있는 온라인 콘텐츠'를 잘 만들기 위해서는 어떤 새로운 콘텐츠 디자인이 나왔는지 다양한 채널의 콘텐츠를 모니터링하고, 이를 자신의 기획서에 어떻게 반영할지 고민해야 합니다. 이러한 과정을 반복함으로써 사람들의 반응을 끌어 모으는 콘텐츠를 만들 수 있습니다.

　이 책에서 소개해드린 콘텐츠 관련 내용들이 온라인 콘텐츠 제작에 종사하는 모든 분께 튼튼한 초석이 되길 바랍니다.

헤매는 온라인 마케터를 위한 실행 가이드

당장 써먹는 온라인 콘텐츠

초판 1쇄 인쇄　인쇄 2023년 9월 15일
초판 1쇄 발행　발행 2023년 9월 25일

지은이　　　　장재섭
펴낸이　　　　황윤정
펴낸곳　　　　이은북
출판등록　　　2015년 12월 14일 제2015-000363호
주소　　　　　서울 마포구 동교로12안길 16, 삼성빌딩B 4층
전화　　　　　02-338-1201
팩스　　　　　02-338-1401
이메일　　　　book@eeuncontents.com
홈페이지　　　www.eeuncontents.com

책임편집　　　하준현
교정　　　　　김한주
디자인　　　　이미경
마케팅　　　　황세정
인쇄　　　　　스크린그래픽

ⓒ 장재섭, 2023
ISBN 979-11-91053-27-2 (13320)